Duden

WISSEN >> ÜBEN >> TESTEN

Deutsch

3., aktualisierte Auflage

8.
Klasse

Dudenverlag
Berlin

Die Rechtschreibung in diesem Buch folgt im Falle von Schreibvarianten den Empfehlungen von Duden – Die deutsche Rechtschreibung. Zu den Übungen sind Schreibvarianten in den Lösungen mitangegeben.

Beratungsangebot für Eltern und Lehrer (kostenpflichtig):
Die **Duden-Sprachberatung** beantwortet Fragen zu Rechtschreibung, Grammatik, Zeichensetzung u. Ä.
montags bis freitags zwischen 9:00 und 17:00 Uhr.
Aus Deutschland: **09001 870098** (1,99 € pro Minute aus dem Festnetz)
Aus Österreich: **0900 844144** (1,80 € pro Minute aus dem Festnetz)
Aus der Schweiz: **0900 383360** (3,13 CHF pro Minute aus dem Festnetz)
Die Tarife für Anrufe aus den Mobilfunknetzen können davon abweichen.
Den kostenlosen Newsletter der Duden-Sprachberatung können Sie unter www.duden.de/newsletter abonnieren.

Bibliografische Information der Deutschen Nationalbibliothek
Die Deutsche Nationalbibliothek verzeichnet diese Publikation in der Deutschen Nationalbibliografie; detaillierte bibliografische Daten sind im Internet über http://dnb.d-nb.de abrufbar.

Bibliographisches Institut GmbH
Mecklenburgische Straße 53, 14197 Berlin

Redaktionelle Leitung Anika Donner
Redaktion Elke Spitznagel, Dr. Anja Steinhauer
Autoren Michael Bornemann, Birgit Kölmel, Dr. Anja Steinhauer (Klappe)

Herstellung Ursula Fürst, Andreas Preising
Layout Horst Bachmann
Illustration Carmen Strzelecki
Umschlaggestaltung Glas AG, Seeheim-Jugenheim
Umschlagabbildung shutterstock.com | Goodluz

Satz Katrin Kleinschrot, Stuttgart
Druck und Bindung Offizin Andersen Nexö Leipzig GmbH
Spenglerallee 26–30, 04442 Zwenkau
Printed in Germany

ISBN 978-3-411-72263-1

Inhaltsverzeichnis

1 Verben

2 Der Satz

3 Rechtschreibung

4 Zeichensetzung

INHALT

1 Verben

1.1 Modalverben

Verben lassen sich je nach ihrer Selbstständigkeit im Satz in Vollverben, Hilfsverben und Modalverben unterteilen.	
Alle Verben, die im Satz sinnvoll allein stehen können, sind **Vollverben.**	Ich **gehe.**
Die **Hilfsverben** *sein, haben* und *werden* dienen dazu, bestimmte Zeitformen sowie das Passiv zu bilden.	Ich **werde** gehen. *(Futur I)* Ich **wurde** abgeholt. *(Passiv)*
Achtung: Diese Verben können auch selbstständig als Vollverb gebraucht werden!	*Als Vollverb:* Ich werde Programmierer.
Die Verben ***wollen, sollen, müssen, dürfen, können*** und ***mögen*** gehören zur Gruppe der **Modalverben.** Sie können mit dem Infinitiv (Grundform) eines anderen Verbs verbunden werden.	Ich **muss** gehen. **Können** wir uns morgen treffen? Wir **wollen** ins Kino gehen. **Darf** ich rauchen?
Modalverben drücken verschiedene Sprechabsichten aus, z. B. ■ einen **Befehl** oder **Auftrag** (1), ■ eine **Absicht** oder einen **Wunsch** (2), ■ ein **Gebot**, eine **Erlaubnis** oder ein **Verbot** (3), ■ eine **Möglichkeit** oder **Fähigkeit** (4).	(1) Du **musst** morgen dein Zimmer aufräumen. – Ich **soll** einkaufen gehen. (2) Wir **wollen** nachher ins Schwimmbad gehen. – Ich **möchte** lieber ein Eis essen. (3) Du **sollst** nicht stehlen. – Morgen **darfst** du Inliner fahren. – Du **darfst** hier nicht Fahrrad fahren. (4) Renate **kann** Klavier spielen.
Die Modalverben können, besonders in der Umgangssprache, auch **allein** das Prädikat eines Satzes bilden. Oft kann man sich dann einen Infinitiv hinzudenken.	Robert **muss** leider schon nach Hause. → Robert **muss** leider schon nach Hause fahren. **Kannst** du gut Englisch? → **Kannst** du gut Englisch sprechen?

ÜBUNG 1 **Was drücken die Modalverben in den folgenden Sätzen aus? Schreibe es hinter die Sätze.**

1. Ich darf an der Feier nicht teilnehmen.
2. Timo kann nicht schwimmen.
3. Patrick möchte lieber ins Kino gehen.
4. Ich mag keine Cola trinken.
5. Unser Lehrer will nicht mit uns ins Schullandheim fahren.
6. Du sollst hier doch nicht Ball spielen.

ÜBUNG 2 **Formuliere die Sätze um, indem du die rot hervorgehobenen Ausdrücke durch Modalverben ersetzt.**

1. Besteht die Möglichkeit, mit dem Bus zu fahren?
2. Wir haben die Gelegenheit, mit Freunden in Urlaub zu fliegen.
3. Meine Mutter erlaubt mir, dass ich bis um zwölf Uhr ausgehe.
4. Es ist geplant, ein neues Schulhaus zu bauen.
5. Möchtest du, dass ich für dich einkaufen gehe?

ÜBUNG 3 **Welche Prädikatsteile kann man weglassen? Streiche sie durch.**

1. Heute können wir nicht ins Museum gehen.
2. Wir wollen in Madrid nur übernachten.
3. Das Obst muss sofort in den Kühlschrank gelegt werden.
4. Den Schlitten können wir wieder in den Keller bringen.
5. Du sollst sofort zum Rektor kommen.

1.2 Indikativ – Konjunktiv I und II

Verben können so verändert werden, dass sie ausdrücken, ob etwas eine reale Tatsache oder ein Wunsch bzw. eine Möglichkeit ist. Diese Aussageweisen nennt man: ■ **Indikativ** (Wirklichkeitsform) und ■ **Konjunktiv** (Möglichkeitsform).	*Indikativ (= Tatsache):* Die Familie **ist** in Urlaub gefahren. *Konjunktiv (= Möglichkeit):* Die Nachbarn vermuten, die Familie **sei** in Urlaub gefahren.
Der **Indikativ** ist die Normalform sprachlicher Äußerungen. Er drückt aus, dass ein Sachverhalt gegeben ist.	Ein Tag **hat** 24 Stunden.
Der **Konjunktiv** drückt Wünsche und Vorstellungen aus; außerdem steht er in der indirekten Rede. Es gibt zwei Konjunktivformen.	Ich wünschte, der Tag **hätte** 30 Stunden. Er **sei** zu müde, meinte Luca.
Konjunktiv I: Der Konjunktiv I wird vor allem in der **indirekten Rede** verwendet. Dabei kann er sich auf die Gegenwart, die Vergangenheit und die Zukunft beziehen. Außer in der indirekten Rede findet er nur noch selten Anwendung (als Ausdruck des Wunsches und der Aufforderung).	 Er sagte, er **sei** glücklich. Er sagte, er **sei** glücklich **gewesen.** Er sagte, er **werde** glücklich **sein.** Er **ruhe** in Frieden.
Konjunktiv II: Der Konjunktiv II drückt meistens die **Nichtwirklichkeit** aus. Auch er kann sich dabei auf die Gegenwart, die Vergangenheit und die Zukunft beziehen. Er wird verwendet, wenn ■ etwas nicht wirklich der Fall ist, ■ etwas möglich ist, ■ man sich etwas wünscht sowie ■ in höflichen Aufforderungen.	 Er tat, als **wäre** er glücklich. Sie tat, als **wäre** sie glücklich **gewesen.** Ich **könnte** mit dem Auto fahren. Ihr **würdet** den Zug nehmen. Ich **würde** gerne verreisen. Du **kämst** am liebsten mit. **Hätten** Sie einen Moment Zeit?

ÜBUNG 4 Markiere die Konjunktivformen.

WISSEN +

Bildung des Konjunktivs I und II

Bildung des Konjunktivs I:
Der Konjunktiv I wird gebildet aus dem Präsensstamm des Verbs und der Endung *-e, -est, -en* oder *-et.*

haben → du hab**est**
sein → du sei**est**
nehmen → ihr nehm**et**

Bildung des Konjunktivs II:
Der Konjunktiv II wird gebildet aus dem Präteritumstamm des Verbs und der Endung *-e, -est, -en* oder *-et,* bei starken Verben wird der Stammvokal zu einem Umlaut.

er hatte → er h**ä**tt**e**
sie war → sie w**ä**r**e**
wir nahmen → wir n**ä**hm**en**

Bei schwachen Verben sind die Formen des Konjunktivs II und des Indikativs Präteritum gleich. Aus diesem Grund wird der Konjunktiv II häufig durch die Umschreibung mit *würde* gekennzeichnet.

ich fragte → ich fragte
ihr machtet → ihr machtet
ich **würde** fragen
ihr **würdet** machen

ÜBUNG 5 **Fülle die Tabelle aus.**

Indikativ Präsens	Konjunktiv I (Konj. Präsens)	Indikativ Präteritum	Konjunktiv II (Konj. Präteritum)
sie hat		sie hatte	
er kommt	er komme		
		er war	
			sie äße
	er gehe		
du nimmst			
		ihr flogt	

ÜBUNG 6 **Stehen die Verben der Sätze im Indikativ, Konjunktiv I oder Konjunktiv II? Schreibe die Lösung hinter den Pfeil. Erkläre dann die Aussagen der einzelnen Sätze.**

1. Die Mutter weiß, dass Tom in der Schule ist. →

   Der Satz bedeutet, dass

2. Die Mutter behauptet, dass Tom in der Schule sei. →

   Der Satz bedeutet, dass

3. Die Mutter sagt, dass Tom sonst in der Schule wäre. →

   Der Satz bedeutet, dass

4. Die Mutter weiß, dass Tom in der Schule war. →

   Der Satz bedeutet, dass

ÜBUNG 7 **Vervollständige die Sätze durch die Ausdrücke in den Klammern, indem du den Konjunktiv II verwendest.**

1. (wieder bergauf gehen): Es sieht so aus, als ob es mit ihm

2. (der Herr des Hauses sein): Er benimmt sich hier, als

3. (nicht wissen, worum es hier geht): Tu doch nicht so, als ob

4. (auf einem Motorrad einen endlos steilen Abhang hinunterfahren und nicht mehr bremsen können): Im Traum war mir, als

5. (nachdenklich gestimmt haben): Es schien mir, als ob ihn meine Bemerkung

6. (gerade auf einem Berggipfel sitzen): Stell dir vor, wir

ÜBUNG 8 **Erfinde neue SMS-Sprüche wie im Beispiel. Unterstreiche dann in den Sprüchen den Konjunktiv.**

Klassenarbeit 1

45 Minuten

AUFGABE 1 **Welche Modalverben drücken dies aus? Finde zu jedem Begriff das passende Modalverb und formuliere einen Beispielsatz.**

1. einen Befehl:
2. einen Auftrag:
3. eine Absicht:
4. einen Wunsch:
5. ein Gebot:
6. eine Erlaubnis:
7. ein Verbot:
8. eine Möglichkeit / Fähigkeit:

AUFGABE 2 **Setze die passenden Modalverben ein.**

1. Ich ______ mal wieder ein großes Stück Torte essen.
2. Wir ______ dieses Jahr in Urlaub fahren.
3. Er ______ sehr gut Tennis spielen.
4. Ich ______ dieses Kleid einfach kaufen, es war zu schön.
5. Du ______ morgen ins Schwimmbad gehen, versprochen!
6. Hier ______ ein neues Kaufhaus gebaut werden.
7. Die Eisfläche ______ noch nicht betreten werden.

TESTEN

AUFGABE 3 **Eine schwierige Frage: Heißt es *mag* oder *möchte?* Setze richtig ein.**

1. Ich ______ keine Museen.
2. ______ du Robert? Ich kann ihn überhaupt nicht leiden.
3. Ich habe eigentlich nichts gegen Fleisch, aber Lammfleisch ______ ich überhaupt nicht.
4. ______ du eine Banane? – Nein, danke, ich ______ Obst nicht.
5. Ich ______ so gern mal wieder ein großes Stück Schwarzwälder Kirschtorte essen, du auch? – Ja, darauf hätte ich auch Lust, obwohl ich Torten sonst nicht so gerne ______ .

AUFGABE 4 **Vervollständige die Sätze durch die Ausdrücke aus dem Wortspeicher und verwende dabei den Konjunktiv II.**

diesen Mann schon einmal irgendwo gesehen haben – auf dem Spiel stehen – das Schlimmste noch vor sich haben – aus Seide sein – diese Arbeit zum ersten Mal machen

1. Die Tapete fühlt sich an, als ______
2. Es sieht ganz danach aus, als ob wir ______
3. Du stellst dich ja an, als ______
4. Er führt sich auf, als ob sein guter Name ______
5. Mir ist, als ______

AUFGABE 5 **Setze die angegebenen Verben im Konjunktiv II ein.**

1. tun, unterstellen:

   Man ______ ihm unrecht, wenn man ihm das ______ .

2. sein, mitteilen:

   Ich ______ Ihnen dankbar, wenn Sie mir Ihre Vorschläge so bald wie möglich ______ .

Klassenarbeit 2

45 Minuten

AUFGABE 6 **Notiere alle sechs Modalverben.**

AUFGABE 7 **Finde zu den vorgegebenen Aussagen passende Modalverben und trage sie in die Lücken ein. Verwende jedes Modalverb nur einmal.**

Peter hat nie schwimmen gelernt.	Peter ______ nicht schwimmen.
Christoph angelt lieber.	Christoph ______ nicht schwimmen.
Hannah hat vom Arzt ein Attest.	Sie ______ nicht schwimmen.
Malte hat sich gestern bei einem anstrengenden Turnier verausgabt.	Er ______ nicht schwimmen.
Die anderen stürmen ins Wasser.	Alle anderen ______ schwimmen.
Einer hat kein Badezeug dabei.	Einer ______ zuschauen.

AUFGABE 8 **Die Konjunktivformen des Hilfsverbs *sein* unterscheiden sich manchmal deutlich von den Indikativformen. Ergänze die fehlenden Formen.**

Indikativ	Konjunktiv I	Konjunktiv II
ich bin	ich sei	
du bist		
wir sind		wir wären
ihr seid		
	sie seien	

AUFGABE 9 **Forme die Aussagen aus dem Wortspeicher in irreale Wunschsätze um, die mit *„Ich wünschte, …“* beginnen. Schreibe in dein Übungsheft.**

> Er ist reich. – Er hat Mut. – Sie kommt am Dienstag. – Sie lässt sich die Haare schneiden. – Er fährt noch heute ab. – Sie schreibt mir.

TESTEN

AUFGABE 10 **Der Konjunktiv I kann sich auf die Zeitstufen der Gegenwart, der Vergangenheit und der Zukunft beziehen. Entsprechend gibt es Formen des Konjunktivs I im Präsens, im Perfekt und im Futur. Ergänze die Formen des Verbs *fragen*.**

Konjunktiv I

	Präsens	Perfekt	Futur I	Futur II
ich				
du				
er / sie / es				
wir				
ihr				
sie				

AUFGABE 11 **„Wenn ich ein Vöglein wär'" ist ein sehr bekanntes Volkslied. Unterstreiche die Indikativformen grün und die Konjunktivformen rot. Welcher Konjunktiv wird verwendet? Was soll mithilfe des Konjunktivs in dem Volkslied ausgedrückt werden? Denke hier an den Gebrauch des Konjunktivs und schreibe deine Antwort in dein Übungsheft.**

1. Wenn ich ein Vöglein wär'
   Und auch zwei Flüglein hätt',
   Flög' ich zu dir.
   Weil's aber nicht kann sein,
   Bleib' ich allhier.

2. Bin ich gleich weit von dir,
   Bin ich doch im Traum bei dir
   Und red' mit dir.
   Wenn ich erwachen tu',
   Bin ich allein.

AUFGABE 12 **Wenn eine Konjunktiv-II-Form nicht vom Indikativ zu unterscheiden ist (z. B. *ich machte*) oder veraltet klingt (z. B. *ich hülfe*), umschreibt man sie mit *würde*, um Missverständnisse zu vermeiden oder die Form einfacher klingen zu lassen. Für welche Variante sollte man sich hier entscheiden? Kreuze an.**

1. ☐ Unser Garten blühte ohne ökologischen Dünger nicht so schön.
   ☐ Unser Garten würde ohne ökologischen Dünger nicht so schön blühen.

2. ☐ Dieses Medikament bekämest du sicher in der Apotheke.
   ☐ Dieses Medikament würdest du sicher in der Apotheke bekommen.

3. ☐ Wenn der Staudamm bärste, überschwemmte die Flutwelle das Tal.
   ☐ Wenn der Staudamm bersten würde, überschwemmte die Flutwelle das Tal.

TESTEN

2 Der Satz

2.1 Infinitivgruppen

Steht vor einem Infinitiv (Grundform des Verbs wie *hören, laufen*) das Wörtchen ***zu***, spricht man von einer **Infinitivgruppe.** Diese kann durch weitere Wörter ergänzt sein.	*Infinitivgruppe:* Er dachte nicht daran, **zu gehen.** *Infinitivgruppe mit weiteren zugehörigen Wörtern:* Er dachte nicht daran, **in die Stadt zu gehen.**

Infinitivsatz

Manche Gliedsätze (↑ Kap. 4.1) kannst du verkürzen, indem du den Infinitiv des Verbs mit *zu* verwendest.	Er vergaß, dass er noch telefonieren musste. → Er vergaß **zu telefonieren.**
Die Partikel ***zu*** trennt den Infinitiv vom Verbzusatz. Dieser Infinitiv kann um ein Objekt oder eine adverbiale Bestimmung erweitert sein.	Ich freue mich, **heute hier zu sein.**
Der **Infinitivsatz** kann die Stelle eines ■ Subjektsatzes (1), ■ Objektsatzes (2) oder ■ Adverbialsatzes (3) einnehmen. (Erläuterung dieser Gliedsätze ↑ Kap. 4.1.)	(1) Es ist schön, **hier zu sein.** *(Frage: Was ist schön?)* (2) Kira ist stolz, **die Prüfung bestanden zu haben.** *(Frage: Auf was / Worauf ist Kira stolz?)* (3) Wir beeilen uns, **um nicht zu spät zu kommen.** *(Frage: Warum beeilen wir uns?)*
Bei der Infinitivgruppe muss ein **Komma** gesetzt werden, ■ wenn sie durch ein **hinweisendes Wort** angekündigt oder durch einen Rückverweis wieder aufgenommen wird; ■ wenn sie von einem Substantiv abhängt; ■ wenn sie mit *als, anstatt, außer, ohne, statt* oder *um* eingleitet wird. ■ In den meisten anderen Fällen kannst du ein Komma setzen, musst es aber nicht.	 Sie brachte drei Tage **damit** *(= hinweisendes Wort)* zu**,** alte Liebesbriefe zu lesen. Das Konzert besuchen zu dürfen**, das** *(= Rückverweis)* war ihr größter Wunsch. Den **Plan,** heimlich abzureisen, hatte er schon lange gefasst. Er rannte davon**, ohne** die Entscheidung abzuwarten. Er versuchte(,) den Fleck zu beseitigen.

WISSEN

ÜBUNG 1 **Forme die Nebensätze um, indem du Infinitivgruppen verwendest.**

1. Du hast mir versprochen, dass du dich um diese Angelegenheit kümmerst.

2. Er hatte sich doch vorgenommen, dass er einen Leserbrief schreibt, oder täusche ich mich?

3. Ich verspreche dir, dass ich diese Lügerei nicht mehr länger unterstütze.

4. Stefan glaubt, dass er seinen Freund enttäuscht hat.

5. Sie lud mich ein, ich solle ein Eis mit ihr essen.

6. Der Lehrer forderte seine Schüler auf, sie sollten in die Schule zurückgehen.

WISSEN +

Zusammen oder getrennt? Infinitive mit *zu* werden dann **zusammengeschrieben,** wenn *zu* eine Vorsilbe ist und **betont** wird.	Sie wollte die Tür **zuschließen.** Kannst du die Tür bitte **zulassen?**
Getrennt schreibt man, wenn das Wörtchen *zu* **nicht betont** ist.	Er bat mich, die Tür **zu schließen.** Du hast mir doch versprochen, deinen Bruder in Ruhe **zu lassen!**

ÜBUNG 2 **Zusammen oder getrennt? Setze die Wörter richtig ein.**

zubinden – zu binden – zusehen – zu sehen –
zudrücken – zu drücken – zugeben – zu geben

1. In dem neuen Museum gibt es so viel Interessantes ______ !
2. Möchtest du mir noch länger bei der Arbeit ______ ?
3. Er kann seine Schuhe noch nicht selbst ______ .
4. Wir haben noch die Blumen ______ .
5. Du musst die Tür fest ______ .
6. Versuche überhaupt nicht erst, dich vor der Arbeit ______ !
7. Wir sind nun quitt, du hast mir nichts mehr ______ .
8. Du kannst deine Lüge jetzt ruhig ______ .

ÜBUNG 3 **Komma oder nicht? Kreuze an, ob ein Komma gesetzt werden muss oder kann, begründe deine Entscheidung und setze das Komma im Satz.**

	Komma muss	Komma kann
1. Sie brachten drei Wochen damit zu das Spiel zu spielen. Begründung: ______	☐	☐
2. Die Idee das Spiel zu spielen hatten sie schon lange. Begründung: ______	☐	☐
3. Dieses Spiel zu spielen das war seit Langem ihr Wunsch. Begründung: ______	☐	☐
4. Sie versuchten das Spiel zu spielen. Begründung: ______	☐	☐
5. Sie verabredeten sich jeden Tag um das Spiel zu spielen. Begründung: ______	☐	☐

ÜBEN

2.2 Adverbialsätze

Adverbiale Bestimmungen (Umstandsangaben) sind Satzglieder, die die genaueren Umstände eines Geschehens oder einer Situation bezeichnen.

Wegen des schlechten Wetters fiel das Sommerfest aus.

Ein **Adverbialsatz** ist ein Nebensatz (↑ Kap. 4.1), der die Stelle einer adverbialen Bestimmung einnimmt. Er wird mit Fragewörtern erfragt und meist durch eine Konjunktion eingeleitet. Adverbialsätze sind ihrer Form nach also Konjunktionalsätze. Sie werden nach ihrer adverbialen Bestimmung unterschieden.

Weil das Wetter schlecht war, fiel das Sommerfest aus.
Frage: Warum fiel das Sommerfest aus?
Antwort (Adverbialsatz): Weil das Wetter schlecht war.
Fragewort: warum?
Konjunktion: weil

- **Kausalsatz (Grund / Ursache):**
  Frage: *warum?, aus welchem Grund?*
  Konjunktionen: *da, weil*

  Weil die Sonne schien, war es ein gelungenes Fest. – *Warum war es ein gelungenes Fest?*

- **Konditionalsatz (Bedingung):**
  Frage: *unter welcher Bedingung / Voraussetzung?*
  Konjunktionen: *wenn, falls, sofern*

  Wenn es nicht regnet, müssen die Sonnenschirme aufgestellt werden. – *Unter welcher Bedingung müssen die Sonnenschirme aufgestellt werden?*

- **Konsekutivsatz (Folge / Wirkung):**
  Frage: *mit welcher Folge / Wirkung?*
  Konjunktionen: *sodass, dass*

  Sie stand früh auf, **sodass sie rechtzeitig angekleidet war.** – *Mit welcher Folge stand sie früh auf?*

- **Konzessivsatz (Einräumung):**
  Frage: *trotz wessen?, trotz welchen Hindernisses?*
  Konjunktionen: *obwohl, obgleich, auch wenn, obschon*

  Obwohl die Band nicht erschien, wurde kräftig gefeiert. – *Trotz welchen Hindernisses wurde kräftig gefeiert?*

- **Temporalsatz (Zeitpunkt / Zeitdauer):**
  Frage: *wann?, wie lange?*
  Konjunktionen: *als, nachdem, während*

  Als das Fest beendet war, begann es zu regnen. – *Wann begann es zu regnen?*

- **Finalsatz (Ziel / Absicht / Zweck):**
  Frage: *wozu?, in welcher Absicht?*
  Konjunktionen: *damit, dass; Infinitivsatz*

  Die Säfte wurden gekühlt, **damit sie erfrischten.** – *Wozu wurden die Säfte gekühlt?*

- **Adversativsatz (Gegenüberstellung):**
  Frage: *was passiert im Gegensatz dazu?, anstatt was?*
  Konjunktionen: *während, wo(hin)gegen, anstatt*

  Ich muss trainieren, **wohingegen du feiern kannst.** – *Was passiert im Gegensatz zum Trainieren?*

- **Modalsatz (Umstände):**
  Frage: *wie?, wodurch?*
  Konjunktionen: *indem, wobei, wie*

  Sie feierten, **wobei sie sangen und tanzten.** – *Wie feierten sie?*

- **Lokalsatz (Ort / Richtung):**
  Frage: *wo?, wohin?, woher?*
  Adverbien: *wo, wohin, woher*

  Wir feiern dort, **wo der Grillplatz ist.** – *Wo feiern wir?*

ÜBUNG 4 **Setze in den Konditionalsätzen die passenden Konjunktionen ein.**

1. ______ nichts mehr dazwischenkommt, werden wir morgen zu einer Radtour aufbrechen.
2. Natürlich fahren wir nur los, ______ das Wetter mitspielt.
3. ______ es etwas regnen sollte, würden wir wetterfeste Kleidung mitnehmen.
4. Ein Abstecher zum Badesee würde sich anbieten, ______ es richtig heiß wird.

ÜBUNG 5 **Setze in die Adverbialsätze die passenden Konjunktionen ein und bestimme die Art des Adverbialsatzes.**

1. Wissenschaftler führen Experimente durch, ______ der Klimawandel immer besser verstanden werden kann. → Finalsatz
2. Sie haben bereits die These von wachsenden Schäden aufgestellt, ______ die Katastrophenwahrscheinlichkeit gestiegen ist. → ______
3. ______ es zu immer heftigeren Regengüssen kommt, werden Überschwemmungen zunehmen. → ______
4. ______ das Szenario eines im Meer versunkenen Kölner Doms übertrieben ist, müssen wir uns auf gravierende Veränderungen einstellen. → ______
5. ______ sich diese Veränderungen immer deutlicher zeigen, sollte das Bewusstsein der Menschen für den Klimawandel geschärft werden. → ______
6. ______ dies nicht geschieht, ist die Katastrophe vielleicht unvermeidlich. → ______
7. Neben der Bewusstseinsschärfung kann man dem Klimawandel nur entgegensteuern, ______ die Staaten international nach gemeinsamen Lösungen suchen. → ______

ÜBUNG 6 **Bringe die folgende Zusammenfassung des Mutterschutzgesetzes in einen Gesetzestext, indem du Konditionalsätze verwendest. Die vorgegebenen Satzanfänge helfen dir dabei.**

Mutterschutzgesetz
Alle Frauen, die in einem Arbeitsverhältnis stehen, genießen während der Schwangerschaft und nach der Geburt einen besonderen Schutz. [...]
Die Mutterschutzfrist beginnt grundsätzlich sechs Wochen vor dem berechneten Geburtstermin und endet regulär acht Wochen, bei medizinischen Frühgeburten und Mehrlingsgeburten zwölf Wochen nach der Entbindung. Bei medizinischen Frühgeburten, also in der Regel bei einem Geburtsgewicht von unter 2500 Gramm, [...] verlängert sich die Mutterschutzfrist nach der Geburt um die Tage, die vor der Entbindung nicht in Anspruch genommen werden konnten. [...]
Weitere wichtige Bestimmungen des Mutterschutzgesetzes sind, dass im Falle eines Beschäftigungsverbotes die werdende Mutter ihren bisherigen Durchschnittsverdienst (Mutterschutzlohn) behält.

Frauen genießen während der Schwangerschaft und nach der Geburt einen besonderen Schutz,

Der Mutterschutz beginnt grundsätzlich sechs Wochen vor dem berechneten Geburtstermin und endet regulär acht Wochen nach der Entbindung.

handelt, endet die Mutterschutzfrist zwölf Wochen nach der Entbindung.
Die Mutterschutzfrist verlängert sich nach der Geburt um die Tage, die vor der Entbindung nicht in Anspruch genommen werden konnten,

Die werdende Mutter behält ihren bisherigen Durchschnittsverdienst (Mutterschutzlohn),

ÜBEN

2.3 Konstruieren komplexer Satzgefüge

Ein **Satzgefüge** enthält mindestens einen Hauptsatz und einen Nebensatz.	Ich kannte das Buch schon (HS), das ich lesen sollte (NS).
Beim Konstruieren von Satzgefügen ist zu beachten: ■ Nebensätze können innerhalb des Satzgefüges an **unterschiedlichen Stellen** stehen: sowohl vor als auch nach dem Hauptsatz oder in diesen eingeschoben.	**Nachdem er sich an diesem Nachmittag bereits zwei Stücke Kuchen einverleibt hatte** (NS), aß er noch eine Tafel Schokolade (HS). Er aß noch eine Tafel Schokolade (HS), **nachdem er sich an diesem Nachmittag bereits zwei Stücke Kuchen einverleibt hatte** (NS). Er aß (HS Teil I), **nachdem er sich an diesem Nachmittag bereits zwei Stücke Kuchen einverleibt hatte** (NS), noch eine Tafel Schokolade (HS Teil II).
■ Von einem Hauptsatz können auch **mehrere Nebensätze** abhängen.	Das Buch (HS Teil I), **das ich mir ausgeliehen habe** (NS I), habe ich sofort gelesen (HS Teil II), **weil es so spannend war** (NS II).
■ Von einem Nebensatz (Nebensatz 1. Grades), der selbst von einem Hauptsatz abhängt, kann wiederum ein Nebensatz (Nebensatz 2. Grades) abhängen.	Das Kino war bereits voll (HS), **sodass alle Leute** (NS 1. Grades, Teil I), **die noch draußen warteten** (NS 2. Grades), **unglücklicherweise keinen Platz mehr bekamen** (NS 1. Grades, Teil II).
Eine spezielle Form des Attributs (Beifügung zu einem Substantiv) ist die **Apposition.** Sie besteht im Wesentlichen aus einem Substantiv und steht im gleichen Kasus (Fall) wie das dazugehörige Bezugswort. In der Regel ist sie diesem nachgestellt und wird durch Kommas, Klammern oder Gedankenstriche vom Satz getrennt (↑Kap. 4.2).	Frau Brunner**, meine Nachbarin,** gießt während des Urlaubs meine Blumen. Sie **(eine sehr gewissenhafte Frau)** holt auch pünktlich meine Post herein und kümmert sich um meinen Kater. Nur mit unserer anderen Nachbarin **– Frau Holle –** kommt sie nicht klar.

WISSEN

ÜBUNG 7 **Stelle jeden Satz zweimal um, sodass der Nebensatz jeweils an einer anderen Stelle steht.**

1. Ich kam zu spät zur Schule, weil ich den Zug verpasst hatte.

2. Während die Mutter sein Zimmer putzte, las Tom in aller Ruhe ein Buch.

ÜBUNG 8 **Bestimme den Hauptsatz sowie die Nebensätze des 1. und 2. Grades wie im Beispiel.**

1. Der Zug hatte fast eine halbe Stunde Verspätung, sodass alle Leute, die mit dem Zug zur Arbeit fahren, zu spät kamen.
   (Der Zug hatte fast eine halbe Stunde Verspätung, = HS; sodass alle Leute, = NS 1, Teil I; die mit dem Zug zur Arbeit fahren, = NS 2; zu spät kamen. = NS 1, Teil II)
2. Heute Morgen, bevor ich zur Schule ging, öffnete ich das Fenster, das zur Straße zeigt.
3. Gestern Abend, als ich mein Abendbrot, das meine Mutter mir gerichtet hatte, aß, klingelte es an der Tür.
4. Das Kino war bereits voll besestzt, sodass alle Leute, die noch draußen warteten, keinen Platz mehr bekamen.

ÜBEN

ÜBUNG 9 **Bilde aus den Teilsätzen drei ganze Sätze. Verwende dabei alle Teilsätze und beachte, dass von einem Hauptsatz auch mehrere Nebensätze abhängen können. Kennzeichne anschließend die Haupt- und Nebensätze.**

Das Kleid,

die wir gestern gekauft haben,

weil sie im Sonderangebot war.

habe ich sofort angezogen,

das du mir geschenkt hast,

weil er es seit Wochen nicht mehr gebraucht hatte.

sodass er mit dem Rad fahren musste,

Nun sind wir froh über die Taschenlampe,

weil es so schön war.

das noch im Keller stand,

als wir in der Stadt waren,

Er verpasste den Zug,

ÜBUNG 10 **Erweitere die Hauptsätze des Witzes, indem du die vorgegebenen Nebensätze und Einschübe passend einfügst.**

der Klassenclown – die Julia und Simone in der Pause zuvor noch gewischt hatten – während Martin bereits in aller Ruhe sein Pausenbrot auspackte – der ein rotes Jackett anhatte – obwohl er wusste, dass es den Lehrer ärgern würde – wie es die Art dieses Lehrers war

Der Deutschlehrer, __________, schrieb das Aufsatzthema an die Tafel, __________ , __________ __________. Es lautete kurz und präzise, __________: „Unser Hund“. Ebenso kurz und präzise behandelte Wolfgang, __________ __________, das Thema, __________ __________:

„Unser Hund. Wir haben keinen.“

ÜBEN

Klassenarbeit 1

45 Minuten

AUFGABE 1 **Verkürze die Nebensätze, indem du Infinitivgruppen verwendest.**

1. Sie hat Angst, dass sie ihren Ring verliert.

2. Du hast mir versprochen, dass du nicht schummelst.

3. Er glaubt, dass er ein besonders guter Schüler ist.

AUFGABE 2 **Erfrage den hervorgehobenen Konditionalsatz.**

1. Wenn sich unsere Klasse in diesem Schuljahr ordentlich verhält, macht unsere Lehrerin mit uns eine Studienfahrt.

   Frage: Unter welcher Voraussetzung macht unsere Lehrerin mit uns eine Studienfahrt?

2. Falls die Studienfahrt zustande kommt, würden wir gerne nach Berlin fahren.

   Frage:

3. Sofern unsere Lehrerin mit Berlin einverstanden ist, würden wir sofort in die Bibliothek gehen und uns Reiseführer ausleihen.

   Frage:

4. Wenn wir in Berlin sind, sehen wir uns alle bekannten Sehenswürdigkeiten an.

   Frage:

AUFGABE 3 **Bei den Infinitivgruppen fehlen die Kommas. Setze sie richtig.**

1. Er freute sich schon seit Stunden darauf endlich etwas zu essen.
2. Wir reden viel miteinander um Missverständnissen auszuweichen.
3. Sie freut sich bald Geburtstag zu feiern.
4. Den ganzen Tag zu lesen das nahm sie sich für die Ferien vor.
5. Ich treibe um schlank zu bleiben viel Sport.

AUFGABE 4 **Um welche Art von Adverbialsatz handelt es sich jeweils?**

1. Weil mein Bruder krank wurde, konnten wir nicht in Urlaub fahren.
2. Er schlief sehr schlecht, sodass er sich am nächsten Morgen in der Schule nicht konzentrieren konnte.
3. Ich muss ja arbeiten, wohingegen du feiern gehen kannst.
4. Bevor wir zu Oma fuhren, kam eine Staumeldung im Radio.

AUFGABE 5 **Bilde komplexe Satzgefüge, indem du zu jedem Hauptsatz des Witzes mindestens zwei Nebensätze findest. Du kannst auch Appositionen einfügen. Schreibe den erweiterten Witz in dein Übungsheft.**

Florian erzählt in der Schule, er habe am Morgen vier tote Fliegen in der Wohnung gefunden: zwei männliche und zwei weibliche.
Der Lehrer betrachtet ihn skeptisch. „Woher willst du denn wissen, dass es weibliche und männliche waren?“
Da antwortet Florian: „Na, zwei klebten am Schnapsglas und zwei am Spiegel.“

Klassenarbeit 2

60 Minuten

AUFGABE 6 **Ergänze die vorgegebenen Sätze jeweils durch einen Infinitivsatz. Die Stichworte im Wortspeicher sollen dir Anregungen geben.**

im Stau stehen – mit dem Fahrrad fahren – Fahrzeit prüfen – viele ärgern sich – am Wochenende ins Grüne fahren – sich erholen – das Wochenende genießen

1. Stadtbewohner freuen sich darüber ______ .
2. Nach der Arbeitswoche ist es wichtig ______ .
3. ______ das ist das oberste Ziel.
4. ______ ärgert viele jedoch.
5. Die Überlegung ______ sollte vor der Abfahrt eine Rolle spielen.
6. Städter ziehen daraus vielleicht die Konsequenz ______ .

AUFGABE 7 **Begründe zu den Infinitivsätzen in Aufgabe 6, wo du ein Komma setzen musstest und wo du ein Komma setzen konntest. Schreibe in dein Übungsheft.**

AUFGABE 8 **Forme die Nebensätze um, indem du Infinitivgruppen verwendest. Schreibe in dein Übungsheft.**

1. Es ist schön, dass ich das Buch endlich lesen kann.
2. Seit einer Woche trainiert er jeden Nachmittag, damit er beim nächsten Spiel dabei sein darf.
3. Sie war froh, dass sie dazugehörte.
4. Dass er ihr ein Geschenk mitbringen würde, versprach er nur allzu gern.
5. Es ist notwendig, dass man regelmäßig Vokabeln lernt.
6. Was nützt es, dass man die Zukunft kennt?
7. Es ist wichtig, dass man die Wahrheit sagt.

AUFGABE 9 Markiere den Infinitivsatz und entscheide, ob der Infinitivsatz die Stelle eines Subjekts (S), eines Objekts (O) oder einer Adverbialen (A) einnimmt. Kreuze an.

	S	O	A
1. Es ist nötig, für den Kuchen weiche Butter zu verwenden.	☐	☐	☐
2. Langsam ist es Zeit für uns zu gehen.	☐	☐	☐
3. Er beeilt sich, um rechtzeitig an der Bushaltestelle zu stehen.	☐	☐	☐
4. Ich habe beschlossen, mir heute eine neue Tasche zu kaufen.	☐	☐	☐
5. Um nicht immer die Letzte zu sein, bin ich heute zehn Minuten früher aus dem Haus gegangen.	☐	☐	☐
6. Wir werden dazu bereit sein, neue Aufgaben zu übernehmen.	☐	☐	☐
7. Wir haben uns Mühe gegeben, ein passendes Geschenk auszusuchen.	☐	☐	☐
8. Es ist besser, bei regnerischem Wetter einen Schirm dabeizuhaben.	☐	☐	☐

AUFGABE 10 Zusammen oder getrennt? Setze die Wörter richtig in die Lücken ein.

zupacken – zu packen – zustellen – zu stellen – zurufen – zu rufen – zuwerfen – zu werfen

1. Es dauert wie immer Stunden, den Koffer ________________.
2. Beim Umzug konnte er ________________ wie kein zweiter.
3. Wir werden den Brief umgehend ________________.
4. Sie versuchten, die Möbel an den passenden Platz ________________.
5. Als er sie von Weitem sah, begann er sofort ________________.
6. Gerade wollte sie ihm noch ________________, er müsse sich nicht so beeilen, da stolperte er und fiel hin.
7. Er wollte gerade seinem Mitspieler den Ball ________________, als er gefoult wurde.
8. Als sie um den Autoschlüssel bat, nahm er Abstand davon, ihn ________________, sondern legte ihn in ihre Hand.

TESTEN

Klassenarbeit 3

60 Minuten

AUFGABE 11 **Unterstreiche in den folgenden Sätzen den Adverbialsatz und kennzeichne die Konjunktion, durch die er eingeleitet wird.**

1. Hermine wollte gerade mit den Hausaufgaben beginnen, als sie draußen ein dröhnendes Geräusch hörte.
2. Weil sie sehr neugierig war, lief sie sofort zum Fenster.
3. Obwohl sie beide Fensterflügel weit geöffnet hatte, konnte sie nichts Außergewöhnliches entdecken.
4. Das Geräusch aber hörte sie weiterhin und es wurde sogar immer lauter, sodass sich Hermine schließlich die Ohren zuhalten musste.
5. Schnell rannte sie zur Tür, damit sie vor dem Haus einen besseren Blick hatte.
6. Und dann sah sie ihn: Hagrid fuhr auf seinem alten Motorrad durch den Himmel, indem er gleichzeitig eine Handsirene betätigte und lauthals sang.
7. „Wenn ich es nicht mit eigenen Augen gesehen hätte, würde ich es nicht glauben“, dachte sie.
8. Sie wusste ja nichts von der verlorenen Wette, während Hagrid die ganze Sache entsetzlich peinlich war.

AUFGABE 12 **Bestimme die Adverbialsätze aus Aufgabe 11 in deinem Übungsheft.**

AUFGABE 13 **Markiere die adverbialen Bestimmungen und forme sie anschließend in Gliedsätze um. Schreibe diese in dein Übungsheft und achte auf die Kommasetzung.**

1. Wegen der Teilnahme am Wohltätigkeitsmarsch fällt morgen der Unterricht aus.
2. Trotz der Vorhersage von Regen wird die ganze Klasse beteiligt sein.
3. Die Organisation ist nach einer langen Planung endlich perfekt.
4. Durch die Einbeziehung der Lehrer als Streckenposten ist es ein Projekt der gesamten Schulgemeinschaft.
5. Wegen dieser Einbeziehung können auch jüngere Schüler die großen Straßen sicher überqueren.
6. Einige Tage werden bis zur Berechnung der Spendensumme vergehen.

AUFGABE 14 **Setze die passenden Konjunktionen ein.**

________ ich mir ein neues Buch kaufen möchte, gehe ich am liebsten in die kleine Buchhandlung am Bahnhof, ________ ich dort stets gut beraten werde. Der Buchhändler hat anfangs immer nach meinen Lesegewohnheiten gefragt, ________ er mir ein passendes Buch empfehlen konnte. Mittlerweile kennt er mich schon, ________ er meistens nach wenigen Minuten ein passendes Buch zur Hand hat. ________ ich die ersten Sätze lese, schaut er gespannt zu. Ich zeige ihm, dass mir das Buch gefällt, ________ ich lächle. ________ der Laden klein ist und der Platz begrenzt, bin ich noch nie ohne ein neues Buch nach Hause gegangen.

AUFGABE 15 **Bestimme die Haupt- und Nebensätze und kennzeichne den Grad der Abhängigkeit (HS, NS 1, NS 2 usw.). Schreibe in dein Übungsheft.**

1. Viele Geschichten, die die alten Römer erzählten, haben sie bereits von den Griechen übernommen.
2. Manche Mythen haben die Dichter in späteren Zeiten immer noch so sehr beeindruckt, dass sie sie neu erzählt haben, indem sie etwa den Ort, die Zeit oder die Namen geändert haben.
3. Wenn man den Mythos vom Liebespaar Pyramus und Thisbe hört, den der römische Dichter Ovid erzählt, denkt man sofort an ein anderes berühmtes Liebespaar.
4. Obwohl beide nebeneinander wohnen, dürfen sie nicht miteinander sprechen, da ihre Väter verfeindet sind; ein kleiner Spalt in der Mauer ist die einzige Verbindung zueinander.
5. Nachdem sie durch diesen Spalt einen Plan zur gemeinsamen Flucht vereinbart haben, verlässt zunächst Thisbe das väterliche Haus, damit sie zum vereinbarten Treffpunkt gelangt.
6. Während sie auf den Geliebten wartet, erscheint eine Löwin, die Thisbe zu Tode erschreckt, sodass sie in eine Höhle flieht, wobei sie ihren Schal verliert.
7. Als Pyramus den Park erreicht, findet er, der seine Geliebte zu finden hoffte, nur ihren blutigen Schal und die Spuren der Löwin.
8. Da sein Schmerz unermesslich groß ist, weil er denkt die Geliebte verloren zu haben, stürzt er sich in sein Schwert.
9. Obwohl Thisbe nur wenige Minuten später aus der Höhle tritt, ist es zu spät.
10. Auch sie sieht für sich nur den Weg, den Pyramus bereits gewählt hat, und tötet sich mit dem Schwert, das neben dem Toten liegt.

3 Rechtschreibung

3.1 Groß- und Kleinschreibung

Grundsätzlich gilt: ■ Substantive (Nomen) und Satzanfänge schreibt man **groß.** ■ Alle anderen Wortarten wie z. B. Verben und Adjektive schreibt man **klein.**	Ich bin durch den kleinen **G**arten gelaufen.
Wörter anderer Wortarten schreibt man **groß,** wenn sie als Substantiv gebraucht werden. Solche **Substantivierungen** erkennst du oft an dem vorangestellten Artikel.	*Substantivierte Verben:* Das **Lesen** bereitet ihr große Freude. Beim **Rechnen** hat sie noch Schwierigkeiten. *Substantivierte Adjektive:* Der **Beste** gewinnt. Das **Ganze** ist unglaublich.
Kleingeschrieben werden Adjektive, die sich auf ein Substantiv beziehen, das im Satz bereits vorkommt. Hier muss man sich das fehlende Substantiv hinzudenken.	Sind große Hunde gefährlicher als kleine? → *... als kleine* ***Hunde?*** Auf jeden Fall sind dicke Hunde träger als dünne. → *... als dünne* ***Hunde.***
Zeitangaben: ■ Zeitangaben schreibt man **groß,** wenn sie **Substantive** sind. ■ **Adverbien,** die als Zeitangaben gebraucht werden, schreibt man **klein.** Du erkennst sie meist an der Endung *-s.* ■ In **kombinierten Zeitangaben** schreibt man die **Substantive groß** und die **Adverbien klein.**	*Substantive:* der Morgen – die Nacht – am Nachmittag – dieser Dienstag – jeden Sonntagabend *Adverbien:* morgens – mittags – montags – heute *Kombinierte Zeitangaben:* heute Morgen – gestern Abend – morgen Nachmittag – vorgestern Mittag
Geografische Bezeichnungen und Namen: ■ Von geografischen Eigennamen abgeleitete Wörter auf *-er* schreibt man **groß.** ■ **Adjektive,** die zum **festen Bestandteil** eines Eigennamens geworden sind, schreibt man **groß.**	der **Kölner** Dom – die **Berliner** Schnauze – die **Schweizer** Schokolade das **Rote Rathaus** in Berlin – der **Vordere Orient** – die **Schwäbische Alb** – der **Heilige Abend**

ÜBUNG 1 **Groß oder klein? Streiche den falschen Buchstaben durch.**

Klassenfahrt nach Berlin

An einem M/montag im April machte sich die Klasse 8 in aller F/frühe zu ihrer Klassenfahrt nach Berlin auf. Nach einer L/langen und A/anstrengenden Zugfahrt kamen sie am F/frühen N/nachmittag am B/berliner Bahnhof Z/zoo an. Von dort mussten die Schüler noch zehn Minuten zum J/jugendhotel laufen, wo sie bereits vom I/inhaber erwartet wurden. Dieser Ü/überreichte ihnen zur B/begrüßung die Hausordnung:

H/hausordnung für J/jugendhotels

Der B/berliner J/jugendhotelverbund wünscht allen G/gästen einen I/interessanten und E/erholsamen A/aufenthalt in seinen Jugendhotels!

Da in unseren Hotels T/täglich viele junge Menschen A/ankommen und A/abreisen, ist es sehr wichtig, für E/einheitliche R/regelungen zu sorgen. Aus diesem G/grund haben wir H/hausregeln aufgestellt, die H/helfen sollen, die V/verschiedenen A/ansprüche auszugleichen und einen A/angenehmen Rahmen für einen E/erholsamen Aufenthalt zu S/schaffen.

Die F/folgenden Regelungen gilt es daher im I/interesse aller Gäste zu beachten. Gruppenleiter und Lehrer sind V/verantwortlich für ihre Gruppen.

ÜBUNG 2 **Groß oder klein? Setze ein und begründe deine Entscheidung.**

1. Der K lügste kann das Rätsel lösen.
   Begründung: substantiviertes Adjektiv
2. Das Buch habe ich ___ eute ___ orgen zu Ende gelesen.
   Begründung: ___
3. Das ___ eiten ist ihr größtes Hobby.
   Begründung: ___
4. ___ ittags werde ich immer müde.
   Begründung: ___
5. Immer werde ich ___ ittags müde.
   Begründung: ___
6. Am ___ ienstagnachmittag finden meine Prüfungen statt.
   Begründung: ___
7. Du benimmst dich, als wärst du im ___ ilden Westen.
   Begründung: ___
8. Ich bestelle mir ein ___ iener Schnitzel.
   Begründung: ___
9. Sie haben ein Ferienhaus auf einer ___ stfriesischen Insel.
   Begründung: ___

ÜBUNG 3 **Kann man sich das fehlende Substantiv hinzudenken? Setze es, falls möglich, ein und entscheide dann, ob das Adjektiv groß- oder kleingeschrieben wird.**

1. Die großen Fische fressen die k leinen (Fische).
2. Mir ist ein strenger Lehrer lieber als ein ___ utmütiger (___).
3. Ich esse lieber ein weiches Ei als ein ___ artes (___).
4. Ich bin der ___ este (___).
5. Der klügste Schüler ist nicht immer auch der ___ este (___).
6. Der ___ leißige (___) wird mit Erfolg belohnt.

3.2 Getrennt- und Zusammenschreibung

Zur **Getrenntschreibung** kann man sich folgende Regeln einprägen:

- Verbindungen mit ***sein*** werden immer getrennt geschrieben (1).
- Verbindungen aus **Substantiv + Verb** werden meist getrennt geschrieben (2); dies gilt auch für Verbindungen aus **Verb + Verb** (3).
- Verbindungen aus einem **adjektivisch gebrauchten Partizip + Adjektiv** schreibt man getrennt (4).

(1) da sein – dabei sein – gut sein – treu sein – beisammen sein – zusammen sein
(2) Rad fahren – Schlittschuh laufen – Angst haben – Bescheid geben
(3) lesen lernen – schreiben üben – spazieren gehen
(4) leuchtend blau – klirrend kalt

Die **Zusammenschreibung** von Wörtern gilt in folgenden Fällen:

- Es gibt sogenannte **nicht trennbare Zusammensetzungen** mit einem Verb, die in allen gebeugten Verbformen zusammengeschrieben werden. Sie bilden gemeinsam einen festen Begriff.

übertreten – widersprechen – langweilen – wetteifern – schlafwandeln – schlussfolgern – handhaben – frohlocken – durchqueren – fernsehen – brandmarken

- Feste Verbindungen aus **Substantiv + Verb** werden zusammengeschrieben, wenn die Substantive kaum noch als solche erkennbar sind.

heimfahren – irreführen – teilhaben – teilnehmen – stattfinden – wettmachen – kopfstehen – eislaufen

- Ebenso werden Verbindungen aus **Substantiv + Adjektiv**, die für eine Wortgruppe stehen, oder solche, die eine neue Gesamtbedeutung erhalten, zusammengeschrieben.

staubtrocken (= trocken wie Staub) – grasgrün (= grün wie Gras) – zeitabhängig (= von der Zeit abhängig)
krankschreiben – freisprechen (Urteil) – richtigstellen

- **Konjunktionen** werden meist zusammengeschrieben.

anstatt – nachdem – soweit – sofern – sobald – soviel – sooft – sodass

- Wird bei einem zusammengesetzten **Adjektiv** die Bedeutung durch den ersten Bestandteil verstärkt oder vermindert, schreibt man zusammen.

bitterkalt – dunkelblau – lauwarm – brandneu – superschnell – stocktaub – todunglücklich

---

Wahlfreiheit herrscht in folgenden Fällen:

- bei Verbindungen mit Partizipien, die adjektivisch gebraucht werden;

Rat suchende / ratsuchende Menschen – selbst gebackene / selbstgebackene Kekse

- bei Verbindungen aus Adjektiv und Verb, wenn das Adjektiv das Resultat des Vorgangs beschreibt;

blank putzen / blankputzen – klein schneiden / kleinschneiden – leer essen / leeressen

- in Einzelfällen.

kennenlernen / kennen lernen – sodass / so dass

ÜBUNG 4 **Setze die Verbindungen aus dem Wortspeicher passend in die Sätze ein.**

übertreten – fernsehen – handhaben – widersprechen – langweilen

1. Zwei Stunden ______ am Tag ist zu viel.
2. Komm her und hilf mir, dann musst du dich nicht ______ .
3. Auf Schüler, die die Hausordnung ______ , wartet eine saftige Strafe.
4. Wie gedenkst du diese Sache zu ______ ?
5. Ich kann es überhaupt nicht leiden, wenn du versuchst, mir andauernd zu ______ .

WISSEN

Schreibweise von Zahlen

Als Wörter geschriebene Zahlen schreibt man **zusammen,** wenn sie kleiner als eine Million sind.	neunzehnhundertneunundneunzig tausendsechsundsechzig achteinhalb
Als Wörter geschriebene Zahlen schreibt man **getrennt,** wenn sie größer als eine Million sind.	zwei Millionen zehn Millionen sechshunderttausend

ÜBUNG 5 **Schreibe die Zahlen als Wörter. Entscheide dabei, ob sie getrennt oder zusammengeschrieben werden.**

10 000 000 – 53 – 999 998 – 1 000 001 – 555 000

______

______

______

______

ÜBEN

ÜBUNG 6 **Finde die gesuchten Wörter und schreibe sie in der richtigen Schreibweise darunter.**

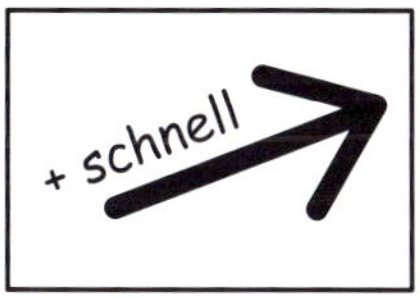

ÜBUNG 7 **Finde passende Verbindungen aus Partizip und Adjektiv und ergänze die vorgegebenen Sätze.**

1. Das Haus ist strahlend weiß.
2. Die Frau ist bezaubernd ______.
3. Die Sonne ist gleißend ______.
4. Im Urlaub war es glühend ______.
5. Der Wolkenkratzer ist beängstigend ______.
6. Der Mann dort drüben ist ______ dick.
7. Mir ging es schlecht. Ich fühlte mich ______ einsam.

WISSEN +

Bei **Verbindungen mit *so*** musst du aufpassen:
soweit bedeutet *in dem Maße wie / sofern,* ist also eine Konjunktion und wird zusammengeschrieben;
so weit bedeutet *bis hierhin*, ist somit keine Konjunktion und wird getrennt geschrieben.

Soweit ich mich erinnere.

Aber: Er schoss den Ball **so weit** wie möglich.

ÜBUNG 8 **Setze richtig ein: *soweit* oder *so weit?***

1. ______ die Füße tragen.
2. ______ die Abmachung im Vertrag steht, muss sie auch eingehalten werden.
3. ______ ich weiß, ist das Geschäft morgen geschlossen.
4. Wenn ich gewusst hätte, dass der Weg ______ ist, wäre ich mit dem Fahrrad gefahren.

ÜBUNG 9 **Richtig oder falsch? Hake alle Sätze ab, die richtig geschrieben sind. Kennzeichne bei den falsch geschriebenen Sätzen die Fehler. Schreibe die anzuwendende Regel darunter.**

ACHTUNG FEHLER

1. Bald werden wir wieder beisammensein. ☐
2. Er lag Stock steif auf dem Boden. ☐
3. Die Unterlage ist butterweich. ☐
4. Nun ist deine Bluse wieder strahlendweiß. ☐
5. Ob gleich ich morgen früh aufstehen muss, werde ich mir die Sendung im Fernsehen noch anschauen. ☐

ÜBUNG 10 **Bilde aus jeweils einem Substantiv und einem Verb eine Wortverbindung und schreibe sie richtig (getrennt oder zusammen?) in dein Übungsheft. Bilde anschließend je zwei Sätze damit.**

Rad Heim Wette Teil Angst Schlittschuh

finden fahren nehmen laufen haben machen

3.3 Bindestriche

Ein **Bindestrich** verbindet zwei Wörter miteinander und verbessert häufig die Lesbarkeit.	Spaghetti-Esser – See-Elefant – O-Beine
In diesen Fällen werden Bindestriche gesetzt: Zusammensetzungen von Wörtern mit **Ziffern** und **Einzelbuchstaben,** die nicht zusammengeschrieben werden, werden durch einen Bindestrich verbunden.	**1-**zeilig – **16-**jährig – ein **16-**Jähriger – der **i-**Punkt – ein **2:1-**Sieg – **4-**monatlich – eine **S-**Kurve – das **5-**Eck
Zusammensetzungen mit **Kurzformen** schreibt man mit Bindestrich.	der **D-**Zug – die Musik-**CD** – die **Kfz-**Papiere – die Fußball-**WM**
Bei mehrgliedrigen Zusammensetzungen mit Einzelbuchstaben, Ziffern oder Abkürzungen werden **zwischen allen Bestandteilen** Bindestriche gesetzt.	die **A-**Dur-Tonleiter – der **S-**Bahn-Wagen – die **1000-**Jahr-Feier – ein **10-**Euro-Schein – Vitamin-**B-**haltig
Wird eine Ziffer oder eine Abkürzung mit einer **Nachsilbe** bzw. **Endung** verbunden, dann steht **kein Bindestrich!**	ein 68er – ein 20stel – CDUler
Ein Bindestrich **kann** gesetzt werden - bei **unübersichtlichen** Zusammensetzungen und - beim **Zusammentreffen von drei gleichen Buchstaben.** *Achtung:* Hier wird der abgetrennte Wortteil in den meisten Fällen großgeschrieben!	Lotto-Annahmestelle Arbeiter-Unfallversicherung Kaffee-Ersatz Schwimm-Meisterschaft
Der **Ergänzungsbindestrich** wird gesetzt, wenn in Zusammensetzungen und Ableitungen ein gleicher Bestandteil eingespart wird.	Groß- und Kleinschreibung Hin- und Rückfahrt Geld- und andere Sorgen

ÜBUNG 11 **Finde in dem Gitterrätsel fünf Wörter mit drei gleichen Buchstaben. Schreibe die Wörter und setze den Bindestrich richtig.**

A	D	E	C	K	K	K	I	R	E	N
R	E	N	A	A	A	A	R	S	N	S
I	L	N	A	F	F	F	F	A	H	S
K	L	N	A	F	F	F	O	T	H	S
K	L	E	E	E	I	N	S	A	A	T
S	C	H	N	E	E	E	U	L	E	O
B	A	R	M	E	E	E	S	S	E	N
S	O	I	R	R	E	R	S	S	E	N
B	R	E	N	N	N	E	S	S	E	L
B	O	S	N	T	K	E	A	I	N	L
B	R	S	N	E	I	E	A	S	N	L

ÜBUNG 12 **Mit oder ohne Bindestrich? Setze ihn, falls nötig.**

1. Mein Lehrer gehört zur Generation der 68 ___ er.
2. 0,02 Liter sind auch ein 50 ___ stel Liter.
3. Das ist 100 % ___ ig richtig.
4. Da vorne kommt eine S ___ Kurve.
5. Hier kostet es das 25 ___ Fache.
6. Dies ist ein klarer 6:3 ___ Sieg.
7. Handelt es sich hier um ein 5 ___ Eck oder ein 6 ___ Eck?
8. Sein CD ___ Brenner funktioniert nicht mehr.
9. Kannst du diesen 5 ___ Euro ___ Schein wechseln?
10. Er möchte später Lkw ___ Fahrer werden.
11. Bereits als 5 ___ Jährige spielte sie Geige.
12. Ich benötige einen DVD ___ Rohling.

ÜBUNG 13 ***Stadt-Teilladen* oder *Stadtteil-Laden?* Setze den Bindestrich an zwei unterschiedliche Stellen und erkläre die Bedeutung des jeweiligen Wortes.**

Stadtteilreinigung

1. Stadt-Teilreinigung: Teilreinigung in der Stadt
2. Stadtteil-Reinigung: Reinigung in einem Stadtteil

Mehrzweckküchenmaschine:

1.
2.

Musikerleben:

1.
2.

Druckerzeugnis:

1.
2.

Altbauerhaltung

1.
2.

ÜBUNG 14 **Das zweite Wort nach dem Ergänzungsbindestrich fehlt. Ergänze.**

1. die Groß- und
2. der Ein- und
3. Kastanien- und
4. Mathe- und
5. Grund- und

3.4 Fremdwörter

Fremdwörter sind Wörter, die ursprünglich aus anderen Sprachen stammen. Sie werden häufig mit *ph, rh, th* oder *y* geschrieben, oft enden sie auf *ie.* Im Wortinneren steht meistens nur ein **einfaches** ***i.***

Physik – Rhythmus – Apotheke – Theater
Demokratie – Geografie – Biologie
Maschine – Lawine – Kaliber

Fremdwörter aus dem **Englischen** bzw. **Amerikanischen** finden sich vor allem in den Bereichen Sport, Jugendsprache und Technik. Um Rechtschreibfehler zu vermeiden, beachte folgende Regeln:

- ***ee*** und ***ea*** werden als langes ***i*** gesprochen, – Teenager – Jeep – Jeans – Freak
- ***y*** im Wortinneren wird häufig ***ei*** gesprochen, – Byte – Recycling
- ***i*** wird ebenfalls oft ***ei*** gesprochen. – Design – Highlight

---

Fremdwörter aus dem **Französischen** finden sich häufig in den Bereichen Mode, Kultur und Gastronomie. Hier sind diese Regeln zu beachten:

- ***ou*** wird wie ein deutsches ***u*** gesprochen, – Souvenir – Tourist
- ***ai*** wird ähnlich dem deutschen ***ä*** gesprochen, – Palais – Saison
- ***eu*** wird wie ein ***ö*** gesprochen, – Ingenieur – Milieu
- ***g*** wird, wenn es vor einem *e* oder *i* steht, ***sch*** gesprochen. – Arrangement – Passagier

---

Fremdwörter aus dem **Griechischen** finden sich oft in den Bereichen Wissenschaft und Kultur. Du erkennst sie daran, dass sie häufig die Buchstaben ***ph, rh, th*** oder ***y*** enthalten.

Alphabet – Apostroph – Rheuma – Apotheke – Thema – Tyrann – System

Tipp: Wenn man weiß, was Wortbausteine aus dem Griechischen wie *bio, log, tele, graf* usw. bedeuten, kann man sich die Bedeutung der Wörter auch herleiten.

bios = Leben
logos = Lehre
→ Biologie = Lehre vom Leben

ÜBUNG 15 Ordne die Fremdwörter aus dem Wortspeicher nach ihrer Herkunft.

T-Shirt – Sympathie – Resultat – Niveau – Geologie – Refrain – Computer – Reform – Restaurant – Fritteuse – Teleskop – Demonstration – Journalist – Sinfonie – Beachparty – Laptop – engagieren – Pädagoge – Thermostat

Englisch	Französisch

Griechisch	Lateinisch

ÜBUNG 16 In der Flagge stehen Fremdwörter aus dem Englischen. Welche Buchstaben fehlen? Setze richtig ein.

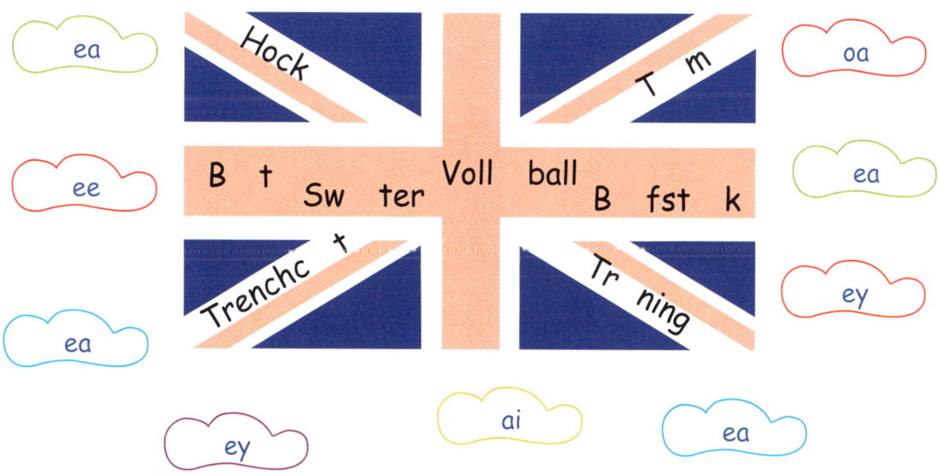

ÜBUNG 17 **Zehn der 16 Fremdwörter sind falsch geschrieben. Schlage im Fremdwörterbuch nach und schreibe sie richtig darunter.**

ACHTUNG FEHLER

Poesiealbum	Mickrobiologe
Korektur	Expansion
Excursion	bandaschieren
Bagett	Biosfäre
Montage	Majonäse
Inwasion	konsegwent
Physik	Rüttmuss
Theater	Photosyntese

ÜBUNG 18 **Finde das richtige Fremdwort. Die vorgegebenen Buchstaben helfen dir.**

1. Andenken: S _ _ v _ _ _ _
2. Wiederverwertung: _ _ c y _ _ _ _ _
3. Gelenkerkrankung: _ h _ _ _ _
4. Hauptreisezeit: H _ _ _ _ s a _ _ _ _
5. „Herrschaft des Volkes“: _ _ _ _ k _ _ _ i _

WISSEN

Angleichung der Fremdwörter ans Deutsche
Die Schreibung häufig gebrauchter Fremdwörter wird vorsichtig an die deutsche Schreibweise angepasst.
Hier gilt:
- Statt *ph* kannst du oft auch *f* schreiben; grundsätzlich gilt dies für die Wortbestandteile *graph, phon* und *phot*.
- Statt *-tial* und *-tiell* kannst du meist auch *-zial* und *-ziell* schreiben.

Friseur → Frisör
Nougat → Nugat
Joghurt → Jogurt
Spaghetti → Spagetti
Delphin → Delfin
Photograph → Fotograf
Mikrophon → Mikrofon

Potential → Potenzial
differentiell → differenziell

ÜBUNG 19 **Wie kann man auch schreiben? Finde die eingedeutschte Schreibweise der unten stehenden Fremdwörter heraus, indem du die Silben aus dem Wortspeicher richtig zusammensetzt.**

Gra - al - Jo - si - Sa - ten - fi - li - nä - mo - ße - Port - ell - Po - fon - stan - ta - gra - ne - fie - ker - ter - Ku - Fan - gurt - xo - zi - sie - So - lo - Brok - fisch - Pan - sub - Bio - Tun - zi - Po - nee - ko - se

Cousine:		Phantasie:	
Biographie:		Panther:	
Thunfisch:		substantiell:	
Joghurt:		Graphiker:	
Saxophon:		Potential:	
Polonaise:		Portemonnaie:	
Broccoli:		Sauce:	

Klassenarbeit 1

45 Minuten

AUFGABE 1 **Schreibe die Sätze mit der richtigen Groß- und Kleinschreibung ab.**

DER SPIELER

MARKUS IST DER BESTE FUSSBALLSPIELER IN DER GEGEND. DAS SPIELEN IST DAS HÖCHSTE FÜR IHN. ER TRAINIERT JEDEN ABEND. SAMSTAGS HAT ER SPIELE UND SONNTAGS TRAINIERT ER SOGAR MORGENS UND ABENDS. AUSSERDEM ACHTET ER AUF SEINE ERNÄHRUNG. MITTLERWEILE WEISS ER: KOHLENHYDRATREICHE SPEISEN MACHEN IHN LEISTUNGSFÄHIGER ALS FETTREICHE. MARKUS WEISS: DER BESTE GEWINNT. JEDOCH SIND VERLORENE SPIELE FÜR IHN EIGENTLICH NICHT SCHLIMMER ALS GEWONNENE. SOBALD ER EIN SPIEL VERLOREN HAT, MOTIVIERT IHN DAS NOCH MEHR. DANN IST SEIN EHRGEIZ SO GROSS, DASS ALLE IN SEINER MANNSCHAFT WISSEN: DAS NÄCHSTE SPIEL WERDEN SIE GEWINNEN.

AUFGABE 2 **Zusammen oder getrennt? Entscheide und setze bei Bedarf einen Trennungsstrich.**

Schlitten|fahren	wettmachen	staubtrocken
Angsthaben	irreführen	teilhaben
schlafwandeln	durchqueren	nachdem
brennendinteressant	grünmalen	halbseiden

AUFGABE 3 **Schreibe das Wort ab und setze den Bindestrich nach der Bedeutung des Wortes an der richtigen Stelle.**

Wachstube: Der Aufenthaltsraum von Wachleuten, also: Wach-Stube

Spartarifflug: Ein günstiger Flug, also:

Urinsekt: Ein Tier, das bereits vor langer Zeit lebte, also:

AUFGABE 4 **Hier fehlen einige Bindestriche. Setze sie, falls nötig.**

Unser Lehrer ist schon eine Type. Aus der Generation der 68 er singt er höchste Lobeslieder in C Dur auf das damalige Lebens und Erlebensgefühl. Bei seiner 25 Jahr Feier als Lehrer wünschte er sich statt des üblichen Flöten Chors eine Rock 'n' Roll Band. Die hat er auch bekommen und es war eine tolle Jubiläumsfeier, obwohl das Lehrerkollegium an der Schule aus mehrheitlich 30 bis 40 Jährigen als über 50 Jährigen besteht. Aus Prinzip fährt unser Lehrer S Bahn, obwohl er ein Solarenergie Auto hat. Er achtet sehr auf die Umwelt und kauft fast nur Produkte aus dem Eine Welt Laden. Am liebsten isst er Vitamin C haltige Orangen und Mandarinen. Er hat lange Haare, die er mit seinen Fingern hin und herwuschelt. Am liebsten trägt er braune oder lilafarbene Pullis aus Schafs oder Ziegenwolle und braune Cord oder Jeanshosen. Das unveränderliche Kennzeichen unseres 60 jährigen Lehrers ist sein Rucksack. Den trägt er immer und überall mit sich herum und man sieht ihn ständig den Reißverschluss auf und zumachen. Mit diesen Eigenheiten ziehen wir ihn oft auf. Aber: Wir mögen ihn!

AUFGABE 5 **Hier sind sechs Fremdwörter aus dem Französischen durcheinandergeraten. Setze sie wieder richtig zusammen und schreibe sie in dein Übungsheft.**

Nu - yon - gat - Toi - Ja - rant - ment - lou - tau - ge - sie - let - ga - te - Res - nai - En - Ma - se

TESTEN

Klassenarbeit 2

45 Minuten

AUFGABE 6 **Groß oder klein? Entscheide und gib die entsprechende Begründung.**

1. Meine Eltern dürfen S/sonntags immer ausschlafen.
2. H/heute M/morgen war ich an der R/reihe und musste Brötchen holen.
3. Während mein Vater die R/runden am liebsten mag, ist es mir eher egal, nur frisch müssen sie M/morgens sein.
4. Das D/decken des Frühstückstisches übernimmt mein Bruder, dazu gehört auch das K/kochen der Frühstückseier.
5. Nach dem A/aufbrühen des Kaffees schalten wir den CD-Player an und legen eine CD ein, meistens eine K/klassische.
6. Wir können dann den Tag mit dem S/schönsten beginnen, was es gibt: einem leckeren Frühstück am S/sonntagmorgen.

AUFGABE 7 **Markiere die richtige Schreibung.**

1. Ihre selbst gestrickten Pullover mag sie sehr, besonders den Weißen / weißen.
2. Wenn man zu lange im Schnee ist, kann das blendend helle Weiß / weiß in den Augen schmerzen.
3. Beim Schwimmen / schwimmen kommt es auch auf die richtige Technik an.
4. Sie liebt es besonders an heißen / Heißen Tagen, im kalten / Kalten Wasser zu Schwimmen / schwimmen.
5. Wenn man friert, sollte man etwas Heißes / heißes trinken.
6. Das Richtige / richtige zu tun ist nicht immer Leicht / leicht.

AUFGABE 8 **Schreibe die groß gedruckten Zeitangaben richtig in dein Übungsheft.**

1. Der Zahnarzt rät, die Zähne MORGENS, MITTAGS und ABENDS zu putzen.
2. Bereits GESTERN ABEND habe ich im Kino einen Film gesehen.
3. Der Termin ist MORGEN VORMITTAG.
4. Diesen MONTAG fällt die Klavierstunde aus. Normalerweise ist MONTAGS aber ein guter Zeitpunkt, DIENSTAGS wäre weitaus ungünstiger.

AUFGABE 9 **Wähle für jedes Wort eine passende Zusammensetzung aus dem Wortspeicher aus. Schreibe dann die Wortpaare in dein Übungsheft, indem du für gleiche Bestandteile den Ergänzungsbindestrich gebrauchst.**

Textileinzelhandel - Ausgang - 3-mal - Aufbauwortschatz - Gartenmöbel - Englischlehrer - kraftlos - öffentliche Mittel

Eingang und ?
Balkonmöbel und ?
Deutschlehrer und ?
Grundwortschatz und ?
saftlos und ?
Textilgroßhandel und ?
2-mal bis ?
Privatmittel und ?

AUFGABE 10 **Mit oder ohne Bindestrich? Setze ihn, falls nötig.**

1. Der 400 m Lauf findet wie geplant statt.
2. Im Eröffnungsspiel der Fußball WM spielen sie ein 4 2 4 System.
3. Ein 2:0 Sieg sollte schon drin sein.
4. Wenn du die b Moll Tonleiter gut übst, wirst du das Stück bei der 50 Jahr Feier perfekt spielen können.
5. Die 68 er werden in der Mode immer wieder zum Vorbild genommen.
6. Das ist eine 100% ige Chance!
7. Auch die Mund zu Mund Beatmung muss regelmäßig geübt werden.
8. Die dpa Meldung kam vor einer Stunde.

AUFGABE 11 **Ordne die Wörter aus dem Wortspeicher nach ihrer Herkunft.**

Analphabet - Beachvolleyball - Stethoskop - Engagement - Realityshow - Niveau - Champ - Sozialisation - Pädagogik - Menü - Dialekt - Kontakt

Englisch	Französisch	Lateinisch	Griechisch

TESTEN

Klassenarbeit 3

60 Minuten

AUFGABE 12 **Zusammen oder getrennt? Entscheide und setze bei Bedarf einen senkrechten Trennungsstrich.**

dabeisein	teilhaben	Klavierspielen
gefangennehmen	Kuchenbacken	glücklichsein
schneeweiß	sowohl	übereinstimmen
zuvorkommen	Schlangestehen	weismachen

AUFGABE 13 **Werden die folgenden Verbindungen von Adjektiv und Verb zusammen- oder getrennt geschrieben? Schreibe sie korrekt darunter.**

1. lieb ? äugeln	2. klein ? schreiben	3. schwarz ? fahren
4. wahr ? sagen	5. richtig ? machen	6. genau ? nehmen
7. klar ? sehen	8. übrig ? bleiben	9. fern ? steuern

AUFGABE 14 **Welche der Verbindungen von Substantiv und Verb werden zusammen- und welche getrennt geschrieben? Streiche jeweils die falsche Schreibweise durch.**

1. Das Fußballspiel wird wie geplant stattfinden / statt finden.
2. Wir können nicht heimfahren / heim fahren, bevor wir den Autoschlüssel nicht gefunden haben.
3. Ich werde dir Bescheid geben / bescheidgeben, ob ich kommen kann.
4. Du wirst sehen, dass ich recht habe / rechthabe.
5. Die ganze Klasse wird am Spendenlauf teilnehmen / Teil nehmen.
6. Deine irreführenden / Irre führenden Bemerkungen sind überflüssig!

AUFGABE 15 **Getrennt oder zusammen? Trage richtig ein.**

1. Ich werde den ganzen Tag im Bett LIEGENBLEIBEN ______.
2. Gestern erst habe ich GESAGTBEKOMMEN ______, dass ich die Vokabeln GRÜNDLICHLERNEN ______ muss, damit ich in der Schule wieder BESSERWERDE ______.
3. Du freust dich, sie KENNENZULERNEN ______.

TESTEN

4. Ich habe das Geld GESCHENKTBEKOMMEN __________,
um mir einen LANGERSEHNTEN __________ Wunsch zu
erfüllen.
5. Im Urlaub werdet ihr jeden Tag SPAZIERENGEHEN __________.
6. Das Buch hat er sich KOMMENLASSEN __________.

AUFGABE 16 **Entscheide, ob es sich um eine untrennbare Verbindung handelt oder nicht, und schreibe sie richtig in dein Übungsheft.**

1. Ich muss dir in allen Punkten WIDERSPRECHEN.
2. Ich muss jetzt kurz auflegen, wir können uns nachher WIEDERSPRECHEN .
3. Wir müssen nur noch dieses Tal DURCHQUEREN, dann sind wir am Ziel.
4. Diesen lateinischen Satz muss ich noch ins Deutsche ÜBERSETZEN.
5. Wir werden erst mit dem Zug fahren und dann mit dem Schiff ÜBERSETZEN.
6. Die Bank wird den Betrag auf dein Konto GUTSCHREIBEN.
7. Es macht Spaß, deinen Aufsatz zu lesen, weil du GUTSCHREIBEN kannst.

AUFGABE 17 **Schreibe den folgenden Text in der richtigen Getrennt- und Zusammenschreibung in dein Übungsheft.**

ImletztenWinterhabenwiretwasAußergewöhnlicheserlebt. Nachdemwirzuerst
Schlittschuhlaufenwaren, wolltenwirnocheineWeilespazierengehen. ImWaldlag
derSchneemeterhochundauchaufdenFeldernsoweitdasAugereichte. Eswarklirr
endkaltundeinstrahlendschönerTag. Plötzlicherkanntenwir, dasswirunsverlaufen
hatten. Wirbeschlossenzunächstzusammenzubleibenundruhigzusein. Wirwollte
nunsnichtirremachenundkeineAngsthaben, sonderninRuheüberlegen. Leider
konntenwirniemandemBescheidgeben, weilwirkeinHandydabeihatten. Daerschie
neinwunderschönerHirschaufderLichtungvoruns. Anstattzufliehenschauteerun
san, alsoberunsetwassagenwollte. ErgingeinpaarSchritteundblicktewiederzurück.
Langsamfolgtenwirihm, weilunsmittlerweilebitterkaltwarundwirkeineandere
Möglichkeitsahen.NacheinerWeilehatteerunstatsächlichausdemWaldherausge
führtundwirkanntenunswiederaus. Superschnellwolltenwirheimlaufenundend
lichdienasskaltenFüßeaufwärmen.

4

Zeichensetzung

4.1 Gliedsätze – Attributsätze

Ein **Nebensatz** ist ein Satz, der nicht für sich allein stehen kann, sondern von einem anderen Satz abhängt. Du erkennst ihn auch daran, dass die gebeugte Form des Verbs an letzter Stelle steht.	Sie weiß noch nicht (HS), **ob sie heute kommt** (NS).
Hauptsätze und Nebensätze werden durch ein **Komma** voneinander getrennt.	**Wenn ich die Zeitung gelesen habe** (NS), sehe ich fern (HS).
Von **Gliedsätzen** spricht man, wenn man Nebensätze nach ihrer **Funktion** unterscheidet. Es gibt verschiedene Arten: **Subjektsatz** Der gesamte Gliedsatz nimmt die Stelle eines Subjekts im Satz ein. Man kann ihn mit *wer?* oder *was?* erfragen.	**Wer die Aufgaben in der Schule nicht fertig bekommt,** macht sie als Hausaufgabe. *Frage: Wer macht die Aufgaben als Hausaufgabe?*
Objektsatz Der gesamte Gliedsatz nimmt die Stelle eines Objekts im Satz ein. Man kann ihn mit *wen?*, *was?*, *wem?*, *wessen?* erfragen.	Er will nicht**, dass wir ohne ihn fahren.** *Frage: Was will er nicht?*
Adverbialsatz Der gesamte Gliedsatz nimmt die Stelle einer adverbialen Bestimmung ein. Man kann ihn mit *wie?*, *warum?*, *wann?* usw. erfragen (↑ Kap. 2.2).	**Nachdem wir gefrühstückt hatten,** machten wir uns auf den Weg. *Frage: Wann machten wir uns auf den Weg? (adverbiale Bestimmung der Zeit)*
Attributsatz Durch einen Attributsatz wird ein vorausgehendes Substantiv näher bestimmt. Attributsätze werden mit einem **Relativpronomen** eingeleitet und mit **Komma** vom Hauptsatz getrennt.	Das Buch**, das ich brauche,** ist bereits ausgeliehen.

ÜBUNG 1 **Kennzeichne die Haupt- und die Gliedsätze. Erfrage jeweils den Gliedsatz und schreibe dann dazu, um welche Art von Gliedsatz es sich handelt.**

1. Dass alle da sind, ist offensichtlich.
   GS HS

   Frage: Was ist offensichtlich? (Subjektsatz)

2. Er kann nicht glauben, dass er die Prüfung bestanden hat.

   Frage:

3. Nachdem wir das Spiel gespielt hatten, mussten wir leider nach Hause.

   Frage:

4. Wer mich liebt, den liebe ich auch.

   Frage:

5. Ich erinnerte mich, dass er sein Handy verloren hatte.

   Frage:

ÜBUNG 2 **Hier fehlen acht Kommas. Setze sie an die richtige Stelle.**

Heute war so ein richtig verflixter Morgen. Nachdem ich mich aus dem Bett gequält hatte rutschte ich auf der Fußmatte aus. Ich rappelte mich hoch und hinkte ins Bad das wie immer besetzt war. Meine Schwester! Damit sie ja auch schön genug ist steht sie immer eine halbe Stunde früher auf und nimmt das Badezimmer in Beschlag. Wirklich klasse! Wenn sie dann endlich fertig ist kann man das Bad erst einmal nicht betreten weil sich eine riesengroße Duftwolke in ihm ausgebreitet hat. Ich trat also gegen die Tür um mich wenigstens bemerkbar zu machen. Und wie ich meiner Wut so freien Lauf ließ durchfuhr mich ein stechender Schmerz: mein großer Zeh! Ich musste ihn angeknackst haben. Nachdem ich langsam zurück ins Bett gehumpelt war zog ich mir die Decke über den Kopf. Hier kriegt mich keiner mehr raus.

ÜBUNG 3 **Die Gliedsätze sind aus den Hauptsätzen gepurzelt: Ordne sie den Hauptsätzen aus dem Text unten zu und schreibe die Satzgefüge (Hauptsatz + Gliedsatz) mit der richtigen Kommasetzung in dein Übungsheft. Achtung: Manchmal musst du den Hauptsatz ein wenig umformulieren!**

- Damit sich ihre Tochter ein wenig beruhigt
- Nachdem sie fertig gekocht hat
- die überhaupt nicht zum Lachen aufgelegt ist
- die eigentlich sehr gerne in die Schule geht
- Wenn morgen nicht alle Schüler ihre Hausaufgaben haben
- die soeben das Mittagessen kocht
- Da Lisa immer noch wütend ist

Lisa kommt heute völlig entnervt nach Hause. Ihre Mutter sieht sie erstaunt an. Sie setzt sich zu ihrer Tochter an den Tisch und fragt, was los sei. Lisa schimpft laut: „Ein Wahnsinn! Wir machen drei Stunden Französischunterricht!“ Die Mutter versucht es mit einem Scherz: „Na und? Die armen Kinder in Frankreich haben das den ganzen Tag!“ Daraufhin verlässt Lisa ohne Worte die Küche.

4.2 Semikolon – Doppelpunkt – Gedankenstrich – Klammern

Das **Semikolon** (Strichpunkt) trennt zwei Teilsätze stärker voneinander als ein Komma; es ist jedoch schwächer als ein Punkt.	In der Schule war niemand; da war kein Schüler und auch kein Lehrer.
Ein **Doppelpunkt** kündigt an, dass noch etwas folgt. Das kann eine wörtliche Rede, eine Zusammenfassung, eine Folgerung oder Ähnliches sein. *Achtung:* Das erste Wort nach einem Doppelpunkt schreibt man in der Regel groß, wenn ein vollständiger Satz folgt, ansonsten wird nach dem Doppelpunkt kleingeschrieben.	Ich ging an einem Bettler vorbei, auf dessen Schild stand: Ich bitte um eine kleine Gabe. Er sagte: „Heute ist es heiß."
Ein einfacher **Gedankenstrich** kündigt etwas Folgendes, oft etwas Unerwartetes an.	Schnell rannte ich weg und wollte nach Hause laufen, da sah ich plötzlich – den Mann.
Ein **doppelter Gedankenstrich** grenzt Zusätze oder Nachträge vom übrigen Text ab. *Merke:* Am Ende eines in Gedankenstrichen eingeschobenen Satzes darf kein Punkt stehen. Ausrufe- oder Fragezeichen innerhalb von Gedankenstrichen bleiben allerdings erhalten.	Sonja – sie war eine bildhübsche, junge Frau – sah mich plötzlich an. Der gut aussehende Mann da drüben – kaum zu glauben – ist mein Klassenlehrer. Der gut aussehende Mann da drüben – glaubt man's? – ist mein Klassenlehrer. Der gut aussehende Mann da drüben – man glaubt es nicht! – ist mein Klassenlehrer.
Klammern schließen Zusätze oder Nachträge ein. Satzzeichen, die zum eingeklammerten Text gehören, stehen vor der schließenden Klammer. Werden ganze Sätze eingeklammert, dann stehen auch die Satzzeichen in der Klammer.	Frankfurt (Oder) Pullis in einer leuchtenden Farbe (Grün oder Blau) haben es mir angetan. Mein Lehrer (der beste überhaupt!) hat uns gestern zum Grillen eingeladen. Die Frau ertrank. (Der Todeszeitpunkt ist nicht bekannt.)

ÜBUNG 4 **Ich kann nicht leben ohne ... Bilde zu den Abbildungen Sätze nach dem vorgegebenen Muster. Achte dabei auf die Satzzeichen!**

1. Ich kann nicht leben ohne den Sommer – am liebsten schön lang und richtig heiß.

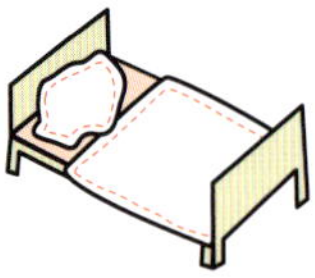

2.

3.

4.

5.

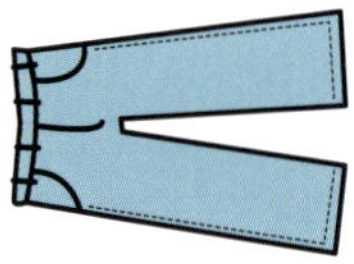

6.

ÜBUNG 5 **In diesem Eintrag aus einem Trendwörterbuch fehlen Satzzeichen: Trage Punkte, Klammern und Doppelpunkte richtig ein.**

Quiet Party engl. „Stille Party“ Neuer Flirt-Trend kommt aus den USA Party, bei der Reden und laute Musik selbstverständlich auch Flüstern und Klatschen verboten sind und die Gäste sich mit natürlich selbst geschriebenen Zetteln verständigen Zweck Das Flirten wird erleichtert, da man nicht mehr gegen den Hintergrundlärm normalerweise ohrenbetäubend anschreien muss

ÜBUNG 6 **Hier siehst du eine Werbeanzeige für ein Multifunktionsgerät. Leider ist über die Anzeige Kaffee geschüttet worden, sodass manche Wörter und Sätze unleserlich geworden sind. Lass deiner Fantasie freien Lauf und ergänze die Lücken.**

Brandneu: der ……………………………………**!**

Ganz neu von Japan auf den Markt gekommen ist dieses Multifunktionsgerät: ……………………………………

ein …………………………………….

Das Ding kann alles: ……………………………………

……………………………………,

Probiere es sofort aus: an deinem ……………………………………

deiner …………………………………….

oder deiner ……………………………………!

Du wirst sehen: ……………………………………

Unglaublich, das Teil.

Ab sofort kannst du es hier bekommen: ……………………………………

Für nur ……………………………………!

Also, los gehts: ……………………………………

ÜBUNG 7 **Bilde aus zwei Sätzen einen Satz, indem du den zweiten Satz wie im Beispiel einschiebst. Achte auf die richtige Zeichensetzung! Schreibe in dein Übungsheft.**

Beispiel: Unser Lehrer hat mit uns die Mathearbeit geschrieben. Niemand hatte das Thema verstanden! → Unser Lehrer hat mit uns – obwohl niemand das Thema verstanden hatte! – die Mathearbeit geschrieben.

1. Viele Schüler haben die Arbeit geschwänzt. Was ich gut verstehen kann!
2. Und die Note zählt noch zur Gesamtnote. Ist das zu glauben?
3. Unser Lehrer behauptet, er hätte genug mit uns geübt. Das ist unglaublich!
4. Ich werde mich beim Rektor beschweren. Mit ihm kann man reden.
5. Jetzt muss ich noch mit meinen Eltern reden. Die werden es verstehen.

Klassenarbeit 1

45 Minuten

AUFGABE 1 **Verbinde die Haupt- und Gliedsätze mit den passenden Konjunktionen und setze das Komma richtig. Unterstreiche dann den Gliedsatz.**

nachdem   weil   wenn   als

Die Mutter macht ein entsetztes Gesicht ______ sie das Zeugnis ihrer Tochter gesehen hat. „Sonja, dein Zeugnis ist eine einzige Katastrophe. Was soll ich denn dazu sagen?" „Was du früher immer gesagt hast ______ mir etwas Schlimmes passiert ist", schlägt ihre Tochter vor. ______ die Mutter sich etwas beruhigt hat fragt sie: „Was habe ich da gesagt?" „Hauptsache, du bist gesund, mein Kind ______ alles andere dagegen unwichtig ist."

AUFGABE 2 **Forme die rot hervorgehobenen Satzglieder in Adverbialsätze um. Verwende dabei alle Wörter aus dem Wortspeicher und denke an die Kommasetzung.**

seitdem – obwohl – weil – nachdem – da

Nach dem Kinobesuch des 3. Star-Wars-Films lassen mich die Gedanken an den Film nicht mehr los.

Trotz seines großen Besitzes stellt sich Anakin Skywalker auf die Seite des Bösen.

Aufgrund der Anordnungen tötet er fast alle Jedi-Ritter.

Seit dem Kampf gegen seinen früheren Meister Obi-Wan trägt er eine Maske.

Aufgrund einer Verbrennung seines Gesichtes kann er ohne diese Maske nicht existieren.

TESTEN

AUFGABE 3 **Kennzeichne die Haupt- und die Gliedsätze. Erfrage jeweils den Gliedsatz und schreibe dann dazu, um welche Art von Gliedsatz es sich handelt.**

1. Mario bemerkte, dass sein Bruder verschwunden war.

   Frage: ______

2. Er hoffte, dass nichts passiert war.

   Frage: ______

3. Es nervte ihn, ständig auf seinen Bruder aufzupassen.

   Frage: ______

4. Nachdem Mario überall gesucht hatte, ging er zum Bademeister.

   Frage: ______

5. Und was entdeckte er? Als er am Bademeisterhäuschen angekommen war, sah er seinen Bruder.

   Frage: ______

6. Vergnügt erzählte dieser, dass er mit dem Bademeister eine Menge Spaß gehabt habe.

   Frage: ______

AUFGABE 4 **Was könnte zwischen den doppelten Gedankenstrichen stehen? Überlege dir passende Zusätze oder Nachträge und setze ein.**

Peter – ______ – kam neu in die Klasse. Er wurde von dem Klassenlehrer – ______ – vorgestellt. Eigentlich lief alles ganz gut, bis Mario – ______ – laut anfing zu lachen. Peter – ______ – wurde unsicher und schaute an sich herunter. Da entdeckte er auf seiner Jacke – ______ – eine dicke, fette Spinne. Ganz cool nahm er die Spinne in seine Hand und warf sie aus dem Fenster. Mario – ______ – schaute ihn mit offenem Mund an. Peter grinste.

AUFGABE 5 **Hier fehlen einige Satzzeichen. Setze Semikolon, Doppelpunkt, Gedankenstrich und Klammern richtig ein.**

Neulich ich glaube, es war vor etwa zwei Wochen waren meine Freundin Tina und ich shoppen natürlich in unserer Lieblingsstadt, wie immer. Es war ein schöner Tag die Sonne schien und dennoch war es nicht zu heiß genau das richtige Wetter für einen Stadtbummel. Und es wurde ein Glückstag für mich Ich kaufte einen Rock und eine wunderschöne Halskette beides im Sonderangebot. Und ich hatte noch Geld übrig, um Tina auf ein Eis einzuladen natürlich bei unserem Lieblingsitaliener .

Doch als ich das Eis bezahlen wollte, bekam ich einen Schreck Mein Geldbeutel war weg! Ich wühlte alle meine Taschen durch er blieb verschwunden. Ich überlegte Wann hatte ich den Geldbeutel das letzte Mal gehabt? Als ich meine Kette gekauft hatte! Es half nichts Wir mussten den ganzen Weg zurückgehen.

Wir gingen also los natürlich mit entsprechend schlechter Laune . Während des Gehens löste ich den Knoten meiner Weste, die ich mir um die Hüfte gebunden hatte, um sie anzuziehen, als plötzlich ein dumpfes Geräusch erklang. Ich blieb stehen und schaute mich um Mein Geldbeutel lag hinter mir auf dem Gehweg. Fragend schaute ich Tina sie lief hinter mir an. Sie lachte. „Dein Geldbeutel ist aus deiner Weste gefallen!“, erklärte sie mir. Ich schüttelte den Kopf Dass ich daran nicht gedacht hatte! Wir hakten uns unter und gingen zurück zum Italiener wo uns ein leckeres Eis erwartete.

Klassenarbeit 2

60 Minuten

AUFGABE 6 **Unterstreiche die Hauptsätze einfach und die Gliedsätze doppelt. Setze das Komma an die richtige Stelle.**

1. Es freut mich dass du gestern doch noch gekommen bist.
2. Wenn du nämlich nicht gekommen wärst hätten wir den Film nicht zusammen anschauen können.
3. So aber bin ich sehr zufrieden damit dass wir einen angenehmen Abend miteinander verbracht haben.

AUFGABE 7 **Erfrage den Gliedsatz in den Sätzen von Aufgabe 6 und gib an, um welche Art von Gliedsatz es sich handelt. Schreibe in dein Übungsheft.**

AUFGABE 8 **Unterstreiche alle Relativsätze und setze die fehlenden Kommas.**

Seit Wochen schon freute sie sich. Endlich war der Abend den sie so sehr herbeigewünscht hatte da. Sie war eine der wenigen aus ihrer Klasse die Karten für das Konzert heute Abend ergattert hatten. Ihre Freundinnen von denen die meisten zu Hause bleiben mussten beneideten sie sehr. Nur ihre beste Freundin hatte ebenfalls Glück gehabt und eine Karte von ihrem Vater dessen Firma häufig Freikarten erhielt geschenkt bekommen. Sie trafen sich schon am Nachmittag und suchten aus ihren Kleidern die wild auf dem Bett herumlagen die coolsten aus. Der Abend wurde ein Traum der sie auch Tage später noch wie auf Wolken schweben ließ.

AUFGABE 9 **Schreibe die folgenden Sätze korrekt in dein Übungsheft, indem du jeweils einen Doppelpunkt sinnvoll einfügst und gegebenenfalls die Groß- und Kleinschreibung korrigierst. Setze, wenn nötig, auch Anführungszeichen.**

1. Das Kind erzählt seiner Mutter heute ist ein Neuer in die Klasse gekommen.
2. Folgende Zutaten sollte man im Haus haben mehrere Eier, Mehl und Salz.
3. Goethe schreibt edel sei der Mensch, hilfreich und gut.
4. Wie man es auch dreht und wendet er würde auf jeden Fall zu spät kommen.

AUFGABE 10 **Füge die Zusätze aus dem Wortspeicher sinnvoll in die Sätze ein. Verwende Gedankenstriche oder Klammern und achte auf die Zeichensetzung.**

ans Meer - er hatte uns schon oft gute Dienste geleistet -
wie jedes Jahr - wer hätte das gedacht?

1. In den Ferien fuhren wir ______ in die Berge.
2. Einige Bergtouren machten wir ______ bereits zum vierten Mal.
3. Jedes Jahr suchten wir uns aber auch aus unserem Wanderführer ______ eine neue Tour heraus.
4. Im nächsten Jahr möchten wir wieder verreisen ______

AUFGABE 11 **Hier fehlen alle Satzzeichen: Setze Doppelpunkte, Gedankenstriche, Semikolons und Klammern sinnvoll ein und schreibe den Text in dein Übungsheft.**

Nach der Schule rannte ich schnell nach Hause ich hatte es eilig. Meine Lieblingstante die Schwester meiner Mutter wollte uns heute besuchen und ich wusste Meistens kam sie schon vormittags und würde auf mich warten. Kaum war ich durch die Wohnungstür getreten, erschien sie im Türrahmen lächelnd wie immer. Sie fragte mich es interessierte sie wirklich, wie es mir ginge und was die Schule mache. Sie selbst hatte die Schule gehasst. Bei mir lag die Sache so Meistens ging ich gerne in die Schule wenn nicht gerade eine Mathearbeit geschrieben wurde oder noch schlimmer Zirkeltraining anstand. Aber heute war es ein guter Tag gewesen die Lehrer hatten uns noch nicht einmal Hausaufgaben aufgegeben. So hatten wir den ganzen Nachmittag Zeit. Sie wollte erst nach dem Abendessen wieder fahren. Wir beschlossen das Wetter war sonnig in den Zoo zu gehen. Dort hatten wir einen Lieblingsplatz eine Bank unter einem großen Baum gegenüber vom Affenfelsen. Stundenlang konnten wir dort sitzen, den Affen zuschauen und uns über Gott und die Welt unterhalten. Ich erzählte ihr fast alles niemand konnte so gut zuhören wie sie. Heute aber gab es keine Probleme zu bereden es lief gut in letzter Zeit. Ich hatte keine Arbeit verhauen und meine Eltern ließen mir genügend Freiraum Ich durfte samstags sogar bis 22 Uhr in die Disco. So verbrachten meine Tante und ich in der Sonne und mit einem großen Eis einen entspannten Spätsommertag miteinander.

Sprechen und Schreiben

5.1 Stellung nehmen – Argumentieren

Stellung nehmen bedeutet, die eigene Meinung zu einem Thema zu bekunden.	*Thema:* Ist es wichtig, in den Ferien zu verreisen? *Stellungnahme:* Ich finde, dass man auch zu Hause schöne Ferien verleben kann.
Argumentieren heißt, die eigene Meinung, Bewertungen oder Behauptungen überzeugend zu begründen. Durch **Beispiele** wird ein Argument veranschaulicht.	Ich bin der Meinung, dass man auch zu Hause schöne Ferien erleben kann *(eigene Meinung)*. Man muss nicht zur Schule und hat deshalb viel Zeit, seine Freunde zu treffen *(Begründung)*. In den letzten Herbstferien konnte ich mit Karl eine ganze Ritterlandschaft aus Pappmaschee aufbauen *(Beispiel)*.
Folgende **Arbeitsschritte** helfen dir, passende Argumente zu finden: ■ Notiere zunächst **stichpunktartig**, was dir alles zum gegebenen Thema einfällt.	In Urlaub fahren ist teuer. In den letzten Sommerferien waren wir wandern. Man kann auch zu Hause viel Neues entdecken.
■ **Ordne** deine Notizen nach Argumenten und Beispielen.	*Argument:* In Urlaub fahren ist teuer. *Beispiel:* Ein Ferienhäuschen kostet in Holland 750 € pro Woche.
■ Ordne dann die Argumente vom **schwächsten** (1) zum **wichtigsten** (3) Argument.	(1) Im Ausland verständigen sich die Menschen in einer Sprache, die ich nicht verstehe. (2) Man kann auch zu Hause viel Neues entdecken. (3) Wer in Urlaub fährt, ist einem enormen Reisestress ausgesetzt.
■ Finde zu jedem Argument ein **Beispiel**, das dein Argument veranschaulicht.	*Argument:* Man kann auch zu Hause viel Neues entdecken. *Beispiel:* In den letzten Sommerferien waren wir in der Eifel wandern und haben die Burg Eltz erkundet.

ÜBUNG 1 **Überlege dir zu den folgenden Themen deine eigene Meinung und schreibe deine Stellungnahme jeweils in das rechte Feld.**

Thema	**Stellungnahme**
Sollte die Schule auf Noten verzichten?	
Brauchen Jugendliche immer die neuesten Markenklamotten?	
Sollte das Rauchen in der Öffentlichkeit verboten werden?	
Sind Hausaufgaben sinnvoll?	
Machen Computerspiele Jugendliche süchtig?	

ÜBUNG 2 **Hier siehst du Notizen zur Stellungnahme „Ich bin der Meinung, dass die Schule das Tragen von Schuluniformen einführen sollte". Ordne die Notizen nach Argumenten (A) und Beispielen (B), indem du den passenden Buchstaben ankreuzt.**

	A	B
Manche Schüler in meiner Klasse werden ausgegrenzt, weil sie keine Markenjeans tragen.	☐	☐
Schuluniformen verringern das Konkurrenzdenken unter den Schülern.	☐	☐
Durch die Einführung von Schuluniformen werden die finanziellen Belastungen in einem Schuljahr reduziert.	☐	☐
In England hat das Tragen von Schuluniformen zu einer Nivellierung des Gegensatzes von arm und reich geführt.	☐	☐
Schuluniformen verdecken nur soziale Unterschiede und können unterschiedliche Lernvoraussetzungen nicht beseitigen.	☐	☐
Die Identifikation mit der Schule wird gestärkt.	☐	☐
Die Eltern müssen Schulmaterialien und Bücher kaufen, in die Klassenkasse einzahlen sowie Klassenfahrten oder Wandertage finanzieren.	☐	☐

ÜBUNG 3 **Ordne die Argumente zur Stellungnahme „Jeder Mensch sollte ein Hobby ausüben“ folgenden Gruppen zu: schwache Argumente (–), wichtige Argumente (+) und die wichtigsten Argumente (++).**

ÜBUNG 4 **Finde zu den Argumenten von Übung 3 – geordnet von schwächeren zu stärkeren Argumenten – je ein Beispiel, das das Argument veranschaulicht.**

Argument	Beispiel

5.2 Argumente strukturieren

Argumente begründen deine eigene Meinung und sollen den Leser oder Zuhörer überzeugen. Deshalb ist es wichtig, dass du deine Argumente zu einem Thema gut strukturierst und belegst.	*Thema:* Wieso lassen sich immer mehr junge Menschen tätowieren oder piercen?
Jede Argumentation ist nach folgendem Schema aufgebaut: Am Anfang der Argumentation steht deine **These** (Behauptung).	*These:* Junge Menschen lassen sich piercen, weil sie auffallen wollen.
Im zweiten Schritt folgt die **Begründung** deiner These. Die unterschiedlichen Argumente werden genannt.	*Begründung:* Vor allem junge Menschen haben das Bedürfnis, sich aus der Masse hervorzuheben. In einer Gesellschaft, in der die eigenen Lebenswege zum großen Teil durch die Eltern vorgegeben sind und der Einzelne bei Behörden und auf Ämtern nur noch als Nummer geführt wird, verstärkt sich der Wunsch nach Individualität.
Die Argumente können durch **Beispiele** veranschaulicht werden.	*Argument:* Der Einzelne will sich aus der Masse hervorheben und seine Individualität betonen. *Beispiel:* Eine Tätowierung auf dem Arm oder ein Ring durch die Augenbraue fällt auf. Der Blick der Mitmenschen bleibt an der ungewohnten „Dekoration“ hängen. Manche finden es schön, andere sehen es als Verunstaltung. Doch der Zweck ist erfüllt: Der Einzelne hat sich aus der Masse hervorgehoben.
An letzter Stelle steht die **Überleitung** zum nächsten Argument.	*Überleitung:* Doch nicht nur der Wunsch aufzufallen bringt immer mehr junge Menschen dazu, sich piercen oder tätowieren zu lassen. Es gibt auch noch andere Gründe wie ...

WISSEN

ÜBUNG 5 **Je drei Satzkärtchen (These – Begründung – Beispiel) zum Thema „Wieso kann zu viel Fernsehen dick machen?“ gehören zusammen. Verbinde sie richtig und markiere die These grün, die Begründungen blau und die Beispiele gelb.**

Essen während des Fernsehens führt zu unkontrollierter Nahrungsaufnahme.

Der Körper verbrennt beim Sitzen vor dem Fernseher in zwei Stunden etwa 150 Kalorien. Bei nur einer halben Stunde Joggen wären es schon 300 Kalorien.

Der Energieverbrauch des Körpers ist bei sportlicher Betätigung um ein Mehrfaches höher als in Ruhehaltung.

Oft werden Erdnüsse, Chips, Popcorn und Schokolade gegessen.

Der Mensch kann sich nicht auf mehrere Dinge gleichzeitig konzentrieren.

Wer in ein Filmgeschehen eintaucht, merkt nicht mehr, wann er satt ist.

Das Sitzen vor dem Fernseher verbraucht kaum Energie.

Die typischen Fernsehknabbereien sind sehr kalorienreich.

Vor dem Fernseher nimmt man meist spezielle Nahrung zu sich.

ÜBUNG 6 **Thema: „Wieso nimmt die Zahl der Handybesitzer immer mehr zu?“ Schreibe zu den folgenden Thesen je eine Begründung und ein Beispiel in dein Übungsheft.**

1. *These:* Die Zahl der Handybesitzer nimmt immer mehr zu, weil die Preise für die Grundgebühr und die Gesprächseinheiten immer weiter sinken.
2. *These:* Die Zahl der Handybesitzer nimmt immer mehr zu, weil es sehr bequem und fast ein „Muss“ der heutigen Zeit ist, überall erreichbar zu sein.

WISSEN

Tipps für die Überleitung

Folgende Konjunktionen helfen dir, die Überleitung zum nächsten Argument zu gestalten:
auch, außerdem, desgleichen, außer, obwohl, deswegen, demzufolge, infolgedessen, weil, da, denn, daher, deshalb, damit, weiterhin usw.

Weiterhin kann auch die Werbung dazu beitragen, dass Jugendliche Drogen nehmen.
Deshalb darf man nicht nur über harte Drogen sprechen.

Du kannst auch sprachliche Wendungen bei der Erstellung von Überleitungen benutzen:
dasselbe gilt, außerdem kann man feststellen, man muss auch bedenken, in diesem Fall wäre auch noch zu erwähnen usw.

Man muss auch bedenken, dass die schwierigen Zeiten der drohenden Arbeitslosigkeit dazu führen, dass die Eltern immer weniger Zeit für ihre Kinder haben und diese daraufhin zu Drogen greifen.

ÜBUNG 7 **Thema: „Wieso greifen Jugendliche zu Drogen?“ Bilde zu den Stichwörtern im Wortspeicher sechs Überleitungssätze mithilfe der oben genannten Konjunktionen und sprachlichen Wendungen.**

schlechter Einfluss von Freunden – Komplexe – Neugierde – schwierige Familienverhältnisse – Misserfolg in der Schule – Probleme im Freundeskreis

5.3 Die lineare Erörterung

Die **Erörterung** ist eine schriftliche Form der Argumentation. Bei der **linearen Erörterung** ist das Thema meist als Frage formuliert.

Thema: Was sollten Jugendliche heutzutage bei der Berufswahl vor allem bedenken?

Die Erörterung folgt einem bestimmten **Aufbau:**

Die **Einleitung** führt den Leser an das zu behandelnde Thema heran. Folglich nennst du zuerst das Thema, über das du schreibst. Dann hast du verschiedene Möglichkeiten:

- Du greifst auf ein **persönliches Erlebnis** zurück (1).
- Du beschreibst einen **konkreten Anlass** (2).
- Du verwendest **Hintergrundinformationen** oder beziehst dich auf **aktuelle Untersuchungen** zu einem Thema (3).

In meinem vorliegenden Aufsatz werde ich erörtern, was Jugendliche bei ihrer Berufswahl bedenken sollten.
(1) Seit ich denken kann, war es mein größter Wunsch, Tierärztin zu werden. Doch vor einigen Tagen sah ich mir eine Sendung im Fernsehen über diesen Beruf an, was mich sehr zum Nachdenken gebracht hat. Ich habe bemerkt, dass man bei der Berufswahl viel mehr bedenken muss als die persönlichen Vorlieben.
(2) Erst letzte Woche hatten wir in der Schule eine Veranstaltung mit einem Berufsberater. Dies war sehr aufschlussreich, weil ...
(3) Eine aktuelle Studie besagt, dass sich die meisten Jugendlichen zu wenig Gedanken über ihren Berufswunsch machen ...

Im **Hauptteil** begründest du deine persönliche Meinung mit **Argumenten.** Diese **ordnest** du nach ihrer Wichtigkeit: Den Anfang bildet das schwächste Argument, am Schluss steht das überzeugendste.

Die einzelnen Argumente veranschaulichst du durch Beispiele oder sicherst sie durch Belege. Verbinde die verschiedenen Argumente jeweils mit einem Überleitungssatz (↑ Kap. 5.2).

Es ist sehr wichtig, dass der Jugendliche einen Beruf ergreift, der ihm Spaß macht und der seinen Fähigkeiten entspricht *(eigene Meinung / These).*
In der Regel wird der Jugendliche den Beruf, den er nach der Schule erlernt hat, für den Rest seines Lebens ausüben. Nur wenige Dinge machen das Leben schwieriger als ein Beruf, der nicht zu einem passt *(Begründung).* Geht der Jugendliche zum Beispiel jeden Morgen schlecht gelaunt zum Arbeiten und hat am Wochenende schon Angst vor dem Montag, wirkt sich das auf sein ganzes Leben aus und er kann nicht wirklich glücklich werden *(Beispiel).* Doch es gibt noch ein wichtigeres Argument ... *(Überleitung)*

WISSEN

Im **Schlussteil** fasst du deine wichtigsten Gedanken noch einmal knapp zusammen. Danach stellst du deine persönliche Meinung dar. Ganz am Ende kannst du einen Ausblick in die Zukunft geben.

Seit ich mich mit dem Thema beschäftige, merke ich, dass die Berufswahl für die Jugendlichen heute sehr schwierig geworden ist. Ich persönlich bin der Meinung, dass ...

Eine Erörterung lässt sich leichter verfassen, wenn du in diesen **Arbeitsschritten** vorgehst:

- **Thema erfassen:** Lies die Aufgabenstellung genau und fasse sie für dich in eigenen Worten zusammen (1).
- **Stoffsammlung:** Notiere stichwortartig, was dir alles zu dem Thema einfällt, z. B. kannst du eine Mind-Map anfertigen (2).
- **Notizen ordnen:** Ordne deine Notizen, indem du sie nach Argumenten und Beispielen sortierst (3).
- **Gliederung für den Hauptteil:** Schreibe deine Argumente, geordnet vom schwächsten zum stärksten Argument, auf (4).
- **Schluss:** Schreibe den Schluss. Fasse deine Argumente im Sinne eines Resümees zusammen und stelle deine eigene Meinung dar. Formuliere einen prägnanten Schlusssatz, der deine Erörterung abrundet (z. B. Ausblick auf die Zukunft) (5).
- **Einleitung:** Auch wenn es ungewöhnlich ist: Die Einleitung schreibst du erst ganz am Ende. Es ist leichter, die Einführung zu einem Thema zu schreiben, mit dem man sich schon beschäftigt hat (6).
- **Reinschrift:** Nun arbeitest du deinen Aufsatz sprachlich aus und fertigst die Reinschrift an.

(1) Die Arbeitsmarktlage ist schwieriger geworden. Welche Punkte sollten Jugendliche in ihre Entscheidung für einen Beruf einbeziehen?
(2) Einstellungschancen – Gehalt – Aufstiegsmöglichkeiten – Ausbildung und Beruf in der Nähe möglich? – Hat der Beruf Zukunft? – eigene Fähigkeiten
(3) *Argument:* Da manche Berufe „aussterben“ und andere Arbeitsfelder neu entstehen, sollten sich Jugendliche über die Zukunftsaussichten des angestrebten Berufs informieren.
Beispiel: Die Berufe Elektroniker und Mechaniker wird es bald nicht mehr geben, sie werden zum Berufsbild des Mechatronikers zusammengeführt.
(4) *Schwächstes Argument:* Beruf in der Nähe möglich?
Stärkstes Argument: Beruf wählen, der den eigenen Fähigkeiten entspricht.
(5) *Schlusssatz:* Jeder Jugendliche setzt seine Prioritäten bei der Berufswahl anders. Deshalb sollten die eigenen Lebensbedingungen und Fähigkeiten eine große Rolle bei der Wahl des richtigen Berufes spielen. Ich persönlich ...
(6) Seit einiger Zeit schon verfolge ich in den Medien die Berichte über die Lehrstellensituation in Deutschland. Der Tenor ist eher erschreckend als aufmunternd und es wird deutlich, dass es heutzutage wichtiger ist denn je, sich um die eigene Berufswahl ausführlich Gedanken zu machen.

ÜBUNG 8 **Erfasse das Thema, indem du die jeweilige Aufgabenstellung mit eigenen Worten umschreibst.**

1. Erachtest du tägliche Hausaufgaben als sinnvoll?

2. Warum kommt es in Deutschland zu einer ständigen Zunahme des Rechtsradikalismus?

3. Welche Vorteile bieten die öffentlichen Verkehrsmittel?

ÜBUNG 9 **Notiere stichpunktartig, was dir zum Thema „Welche Vorteile bieten die öffentlichen Verkehrsmittel?“ einfällt. Ergänze die Mindmap.**

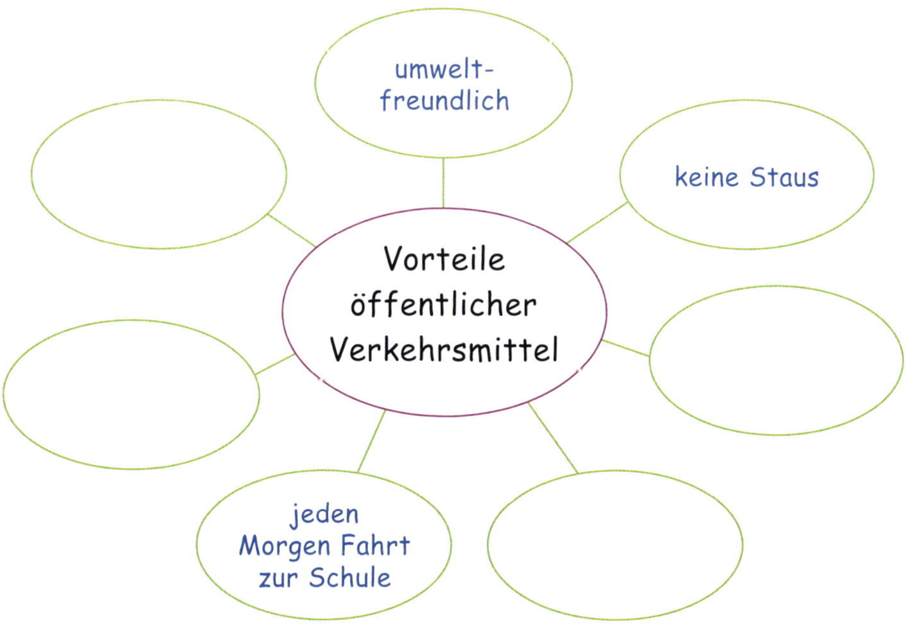

ÜBUNG 10 **Lies folgende Argumente zum Thema „Welche Vorteile bieten die öffentlichen Verkehrsmittel?“durch. Ordne zuerst die Argumente nach der Wichtigkeit, indem du sie entsprechend nummerierst. Streiche dabei die unsinnigen Argumente und füge anschließend noch eines hinzu. Schreibe dann zu jedem Argument eine Begründung und ein Beispiel in dein Übungsheft.**

Auch bei schlechtem Wetter (Glatteis) kommt man pünktlich zur Schule.

Man umgeht Staus und spart Zeit und Ärger.

Das Fahren mit öffentlichen Verkehrsmitteln schont die Umwelt.

Man muss einfach mit öffentlichen Verkehrsmitteln fahren.

Öffentliche Verkehrsmittel fahren mitten ins Stadtzentrum.

Man kann seine Zeit in den öffentlichen Verkehrsmitteln sinnvoll nutzen.

Parkplatzsorgen fallen weg.

Heutzutage fahren viele Menschen mit öffentlichen Verkehrsmitteln.

WISSEN

Tipps für das Argumentieren

- Du kannst deine Argumente auch durch Zitate veranschaulichen, z. B. aus einer veröffentlichten Studie oder aus der Rede eines Politikers.
- Achte darauf, dass deine Argumente sachlich formuliert sind. Saloppe Redewendungen haben in einer Erörterung nichts zu suchen.
- Eine gute Argumentation hängt nicht unbedingt von der Anzahl der Argumente ab. Achte lieber darauf, dass du überzeugende Argumente findest und verzichte auf schwache, anfechtbare oder zu stark verallgemeinernde Argumente.
- Veranschauliche und belege deine Argumente ausführlich, sodass der Leser deine Gedankengänge nachvollziehen kann.
- Verallgemeinere keine Einzelfälle.

ÜBUNG 11 **Der Schluss deiner Erörterung ist durcheinandergeraten: Finde zu jedem Satzanfang (links) eine sinnvolle Fortsetzung (rechts) und verbinde.**

Satzanfang (links)	Fortsetzung (rechts)
Zusammenfassend lässt sich sagen,	und das kann jede Menge Ärger vermeiden.
So kann der Schüler oder Arbeitnehmer sicher sein,	dass man aus den angeführten Gründen die öffentlichen Verkehrsmittel, sooft es geht, nutzen sollte.
Außerdem trägt man als Fahrgast keine Verantwortung im Verkehrsgeschehen,	indem man sich unterhalten oder ein Buch lesen kann.
Öffentliche Verkehrsmittel sorgen zudem für Entspannung,	dass in Zukunft immer mehr Menschen auf die öffentlichen Verkehrsmittel umsteigen werden.
Nicht vergessen werden darf auch der Aspekt der Umweltfreundlichkeit:	dass das Benutzen öffentlicher Verkehrsmittel viele Vorteile bietet.
Ich persönlich bin der Meinung,	morgens pünktlich und ohne Staus, Parkplatzprobleme oder Reifenpannen in der Schule oder am Arbeitsplatz zu erscheinen.
Und wenn man nicht gerade einen Freund besuchen möchte,	Mit öffentlichen Verkehrsmitteln werden viele Personen energiesparend befördert.
Da das Mofa- und Autofahren aufgrund der steigenden Benzinpreise immer teurer wird, bin ich der Überzeugung,	der weit außerhalb wohnt und mit öffentlichen Verkehrsmitteln nur sehr umständlich zu erreichen ist, sollte man sich für den Bus, die Straßenbahn oder den Zug entscheiden.
Denn: „Die Bahn kommt!"	

ÜBUNG 12 **Welche Arbeitsschritte solltest du beim Erstellen einer Erörterung beachten? Löse das Rätsel, ohne nachzuschlagen, und schreibe das Lösungswort darunter (ä = ae, ü = ue).**

1. Zu Beginn einer Erörterung sammelst du ...
2. Dann ordnest du deine ...
3. Nun gestaltest du die ...
4. Ordne deine Argumente hierfür vom schwächsten Argument zum ...
5. Danach schreibst du den ...
6. Am Ende verfasst du die ...
7. Die Einleitung beinhaltet die ... zu deinem Thema.

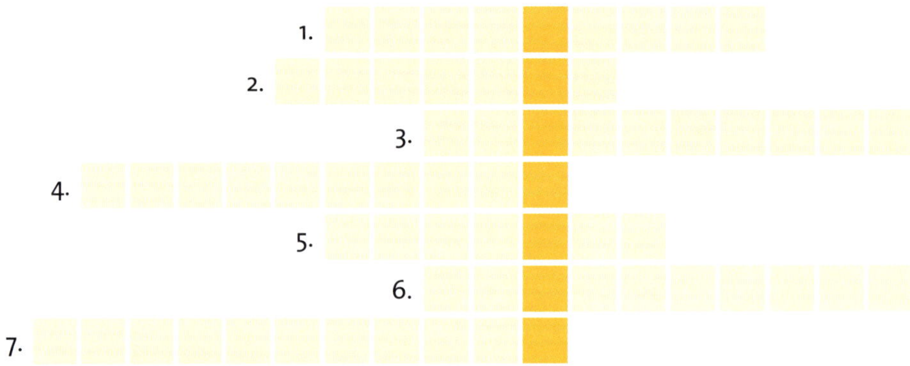

Lösungswort:

ÜBUNG 13 **Für welchen Teil deiner Erörterung ist das Lösungswort aus dem Rätsel von Übung 12 besonders wichtig? Begründe deine Antwort.**

5.4 Erstellen von Protokollen

Das **Protokoll** ist eine Form des Berichts. Protokolle halten Gesprächsverläufe und Beschlüsse schriftlich fest und dienen als Nachweis der besprochenen Punkte. So können sich auch diejenigen, die bei einer Besprechung nicht teilnehmen konnten, genau informieren.	*Gerichtsverhandlung:* Im Protokoll werden die Adressen der Zeugen und der Angeklagten schriftlich festgehalten sowie ihre Aussagen zu dem Fall. Am Schluss wird das verkündete Urteil aufgeschrieben. Dieses Protokoll dient zum Nachweis des ordnungsgemäßen Ablaufs einer Verhandlung.
Jedes Protokoll beginnt mit Angaben über ■ die **Zeit** (1), ■ den **Ort** (2), ■ den **Anlass** (3), ■ die **beteiligten Personen** (4) und ■ die / den **Protokollführende/-n** (5).	(1) Datum, Uhrzeit (2) Adresse, Gebäude (3) Klassenkonferenz (4) anwesende sowie abwesende Personen (entschuldigt / unentschuldigt), Leitung (5) Name der / des Protokollführenden
Es gibt drei Arten von Protokollen: Das **Verlaufsprotokoll** gibt den Gesprächsverlauf in der zeitlich korrekten Reihenfolge wieder. Alle Redebeiträge werden hier zusammengefasst. Am Ende wird das Ergebnis festgehalten. Es wird bei Konferenzen, Sitzungen und Verhandlungen angefertigt. Auch Unterrichtsstunden kann man protokollieren.	Thema: Klassensprecherkonferenz zum Sportfest Sara A.: Plädiert für Bundesjugendspiele. Leon B.: Schlägt Fußball- und Handballturnier vor. Beschluss: Vormittags finden Bundesjugendspiele statt, nachmittags ein Fußballturnier. Unterschrift der / des Protokollführenden
In einem **Ergebnisprotokoll** werden nur die Beschlüsse oder Ergebnisse dokumentiert. Es ist deshalb weniger zeitaufwendig.	Thema: Klassensprecherkonferenz zum Sportfest Beschluss: Vormittags finden Bundesjugendspiele statt, nachmittags ein Fußballturnier. Unterschrift der / des Protokollführenden
Das **Versuchsprotokoll** fertigt man vor allem bei wissenschaftlichen Versuchen an. Neben der Aufgabenstellung werden alle benötigten Geräte und Hilfsmittel aufgelistet. Der Versuchsaufbau wird skizziert und beschriftet, der Versuchsablauf exakt wiedergegeben. Am Ende wird der Versuch ausgewertet und das Ergebnis festgehalten.	Thema / Frage: Bildet Wasser eine Oberfläche? Vermutung / Hypothese: Wasser und Luft werden durch eine Oberfläche getrennt. Aufbau / Ablauf: Auf die Wasseroberfläche wird vorsichtig eine Nadel gelegt. Ergebnis: Die Nadel geht nicht unter. Auswertung: Die Oberfläche verhält sich wie eine elastische Haut.

ÜBUNG 14 **Deine Klasse diskutiert über das Ziel des anstehenden Klassenausflugs. Da vier Schüler nicht anwesend sind, bittet dich die Lehrerin, Frau Schulz, ein Verlaufsprotokoll zu schreiben. Markiere zunächst, welche Punkte hierfür wichtig sind.**

Frau Schulz: „In zwei Wochen ist ein Jahresausflug geplant. Was wollen wir unternehmen?“

Lauter Jubel bricht los. Alle Schüler reden durcheinander.

Frau Schulz: „So kommen wir zu keinem Ergebnis. Meldet euch bitte zu Wort, es kommt jeder dran.“

Marc: „Nachdem wir letztes Jahr schon was für die Mädchen gemacht haben, sind dieses Mal die Jungs dran. Ich wäre dafür, klettern zu gehen.“

Einige Schüler klatschen Beifall, andere murren.

Julia: „Du willst nur deshalb klettern gehen, weil du das selbst gut kannst. Es sind aber nicht alle so sportlich wie du. Ich würde lieber etwas Gemütliches machen, zum Beispiel grillen.“

Gemurmel erhebt sich. Die Lehrerin mahnt ihre Klasse zum Schweigen.

Anja: „Also, ich sehe das nun so: Der eine Teil der Klasse möchte sich gerne sportlich betätigen, der andere Teil steht eher auf Gemütlichkeit. Können wir nicht vielleicht einen Mittelweg finden?“

Frau Schulz: „Natürlich gerne, hat jemand einen Kompromissvorschlag?“

Timo: „Wie wäre es denn, wenn wir mit dem Rad zur Waldhütte fahren und dort grillen würden?“

Die Klasse murmelt beifällig.

Frau Schulz: „Das finde ich eine sehr schöne Idee. Gibt es noch einen anderen Vorschlag?“

Es meldet sich niemand mehr zu Wort.

Frau Schulz: „Dann stimmen wir nun ab. Wer für Timos Idee ist, meldet sich bitte.“

Von 23 Schülern heben 20 ihre Hand.

Frau Schulz: „Gegenstimmen?“

Niemand meldet sich.

Frau Schulz: „Enthaltungen?“

Drei Hände gehen nach oben.

Frau Schulz: „Für das Protokoll: Mit 20 Stimmen und drei Enthaltungen wurde beschlossen, dass wir am Ausflugstag mit dem Fahrrad zur Waldhütte fahren und dort grillen.“

WISSEN

Tipps für das Schreiben eines Protokolls

Beachte beim Protokollieren:

- Wichtig sind eine klare Gliederung und die korrekte Reihenfolge.
- Schreibe in einer sachlich-distanzierten Sprache.
- Unterscheide zwischen Wichtigem und Nebensächlichem.

ÜBUNG 15 **Erstelle nun zu der Diskussion in Übung 14 das Verlaufsprotokoll, indem du die Felder ausfüllst. Angaben, die aus dem Text nicht hervorgehen, darfst du dir selbst überlegen.**

Protokoll

Ort:

am:

von: bis:

Anlass:

Beteiligte Personen:

Protokollführer/-in:

Ergebnis / Beschluss:

Unterschrift Protokollführer/-in:

5.5 Ein Referat schreiben und vortragen

Ein **Referat** informiert die Zuhörer mündlich über ein bestimmtes Thema. Wenn du in der Schule ein Referat halten sollst, sind diese Arbeitsschritte hilfreich:

Thema: Gesunde Ernährung

Vorbereitung:

- **Thema erfassen:** Mache dir zunächst Gedanken: Was weißt du schon über das Thema? Was hoffst du zu erfahren? Wer könnte dir mehr zu diesem Thema erzählen? Hier kann auch ein Brainstorming helfen: Schreibe alle Gedanken, die dir spontan einfallen, in Stichworten auf (1).
- **Informationen sammeln:** Besorge Literatur aus der Schüler- oder Stadtbücherei, von Eltern, Bekannten, Freunden oder aus dem Internet. Bearbeite mindestens drei verschiedene Quellen, damit du ausreichend informiert bist (2).
- **Material ordnen und auswerten:** Lies jede Quelle sorgfältig durch und unterstreiche das Wichtigste oder schreibe es in Stichworten heraus. Suche Argumente, Belege, Zitate, Beispiele zu den Stichworten und notiere sie.
Schreibe alle Fremdwörter auf und schlage ihre Bedeutung nach. (3)
Lege die Quellen zur Seite, die nicht hilfreich sind (z. B. weil die Texte zu schwierig sind oder kein neues Wissen enthalten).

(1) viel Obst und Gemüse – verschiedene Nährstoffe – Ernährungspyramide – Kalorienbedarf – Fettgehalt – Vitamine – besser Mineralwasser als Cola – wenig Fast Food – Vollkornprodukte: wieso gut für den Körper? – Wie ernähre ich mich? – Statistik!

(2) *Mögliche Quellen:*
Broschüre von Krankenkasse – Internet – Buch aus der Stadtbibliothek

(3) Energie- und Nährstoffbedarf:
Der Körper braucht ständig Energie. Die Höhe des Energiebedarfs hängt von Alter, Geschlecht, Größe und der Art der Tätigkeiten ab. Verbringt man den Großteil des Tages sitzend oder liegend, dann benötigt der Körper weniger Energie als der Körper eines Menschen, der hart körperlich arbeitet oder viel Sport treibt ...
Energie = die Fähigkeit, Arbeit leisten zu können.

Ausarbeitung:

- **Stichwortzettel schreiben:** Gliedere nun deine Notizen und erstelle das Konzept des Referats. Gehe dabei vom Einfachen zum Komplizierten.
- **Vortrag erstellen:** Überlege dir einen interessanten Einstieg als Hinführung zu deinem Thema, damit du die Aufmerksamkeit der Zuhörer auf dich lenkst und Interesse weckst. Hier bieten sich z. B. Anekdoten, Witze oder Karikaturen an. Wenn dir nichts einfällt, kannst du auch einen Überblick über den Ablauf des Referats geben.

Notizen gliedern:
1. Energie
= Fähigkeit, Arbeit leisten zu können
Körper braucht unterschiedlich viel Energie je nach Tätigkeit (sitzen oder Sport)
2. ...

Einstieg mit einer Umfrage:
Wer von euch isst täglich Vollkornprodukte?
(Ergebnis an die Tafel schreiben)
Wer isst täglich Obst?
(Ergebnis an die Tafel schreiben)

Sachverhalte werden mithilfe von Skizzen oder Schaubildern anschaulicher. Übertrage diese auf eine Folie, ein Arbeitsblatt oder bereite sie für einen späteren Tafelanschrieb vor.

- **Referat ausformulieren:** Damit du dein Referat sicher vortragen kannst, solltest du zu Hause üben. Hierfür kannst du das ganze Referat auch schriftlich ausformulieren. Benutze diesen Zettel aber nicht für den Vortrag, sonst besteht die Gefahr des Ablesens und dein Vortrag wirkt langweilig. Verliere das **Zeitlimit** nicht aus den Augen und kläre vorher ab, wie lange das Referat dauern soll.

So könnte das Referat weitergehen:
Nachdem wir nun gesehen haben, dass die meisten Schüler nicht regelmäßig Vollkornprodukte und Obst essen, möchte ich zuerst einmal erklären, was man unter Ernährung versteht und wozu sie für den Körper wichtig ist.
Der Körper benötigt Energie. Energie ist die Fähigkeit, Arbeit leisten zu können ...

- **Thesenpapier / Arbeitsblatt:** Erstelle für deine Mitschüler ein Thesenpapier, auf dem die wichtigsten Punkte des Referats zusammengefasst sind. Zusätzlich kannst du auch ein Arbeitsblatt anfertigen, mit dem deine Zuhörer das Gelernte nochmals überprüfen können.

„Spickzettel" auf Thesenpapier:
Nimm das Thesenpapier, das du für deine Mitschüler erstellt hast, als Grundlage und trage zusätzliche Erklärungen handschriftlich für dich ein.

- **Spickzettel:** Schreibe für deinen Vortrag einen kleinen „Spickzettel" mit den Stichpunkten deines Referats. Unterstreiche wichtige Stellen, sodass du auf den ersten Blick erkennen kannst, welcher Gedanke als Nächstes kommt.

Vortrag halten:

- Falls du ein **technisches Gerät** benutzt (z. B. Tageslichtprojektor), **überprüfe** zuvor, ob es funktioniert.
- Rede während des Referats möglichst frei und suche Blickkontakt. Sprich laut und **deutlich** und verwende kurze, **einfache Sätze.** Vermeide lange Aufzählungen und Gedankensprünge. Erkläre **unbekannte Begriffe** und **Fachausdrücke.** Gib den Zuhörern Gelegenheit, **Fragen** zu stellen.

So könntest du Fachbegriffe erklären:
Ich erwähnte soeben das Wort „Cholesterin". Weiß jemand, was es bedeutet?
(Warte etwas, damit deine Mitschüler Zeit zum Überlegen haben. Sollte sich dann niemand melden, fährst du fort.)
Cholesterin ist eine fettähnliche Substanz im Körpergewebe. Es kommt in bestimmten Nahrungsmitteln vor, z. B. in Ölen und Eigelb. Cholesterin kann man im Blut messen. Ein hoher Cholesterinspiegel ist ungesund.

ÜBUNG 16 **Du sollst ein Referat zum Thema „Mediensucht" halten. Schreibe in dein Übungsheft, was dir hierzu einfällt. Die folgenden Fragen helfen dir dabei.**

ÜBUNG 17 **Du hast verschiedene Quellen zum Thema „Mediensucht" gesammelt. Unterstreiche nun wichtige Stellen und Stichwörter.**

Spielsucht
Computer- und Konsolenspiele fehlen heute in fast keinem Kinderzimmer. Der erste Weg zu Hause nach der Schule führt an den Fernseher oder den Computer. Kennst du das? Das nächtelange Durchspielen allein oder mit Freunden, um das nächste Level zu erreichen? Sonntagmorgens den Computer einschalten, obwohl draußen das schönste Wetter herrscht? Nun gut – sagst du vielleicht. Neue Spiele sind eben spannend und man kann nicht aufhören, bevor man sie ganz durchgespielt hat. Aber Sucht? Das ist doch etwas übertrieben. Süchtig sind nur die Alkoholiker und Drogenabhängigen! Falsch! Es gibt nämlich nicht nur stoffgebundene Süchte (Alkohol, Nikotin, illegale Drogen usw.), sondern auch stoffungebundene Süchte. Hierunter versteht man die Abhängigkeit von einem Verhalten, in dem Fall das Spielen. Prinzipiell kann man von allem süchtig werden.

Internationale Studien zeigen, dass die Mediensucht in Deutschland zunimmt. Man geht davon aus, dass etwa 6 % aller Internetnutzer onlinesüchtig sind. Das allein wären schon über eine Million Abhängiger. Studien zu den Fernsehsüchtigen, Telefonsüchtigen, Handysüchtigen, SMS-Süchtigen und Videosüchtigen liegen bisher nur vereinzelt vor.

Woran merkst du, dass du spielsüchtig bist?
Spielsucht liegt vor, wenn du den ganzen Tag an nichts anderes denken kannst als an dein Spiel, das du momentan durchläufst, oder an neue Spiele. Du gibst unheimlich viel Geld aus und bist nicht mehr von dem Fernseher oder Computer wegzubringen – auch nicht, wenn Freunde vor der Tür stehen und dich abholen wollen oder es draußen so heiß ist, dass man ins Schwimmbad gehen könnte. Würde man dir den Fernseher oder den Computer wegnehmen, würdest du es vor Sehnsucht nach den beiden Geräten kaum aushalten.
Du verbringst täglich mehr als eine Stunde vor den Geräten zum Spielen und deine Eltern müssen dich mehrmals rufen, bis du bereit bist, das Spiel zu unterbrechen. Wie sieht es bei dir aus?

Was können Eltern tun, wenn sie spielsüchtige Kinder haben?
- Versuchen Sie, mit Ihrem Kind offen über Ihre Vermutungen und Ängste zu reden.
- Überlegen Sie sich Freizeitaktivitäten in der Natur, die Ihrem Kind Spaß machen.
- Vereinbaren Sie eine bestimmte Zeit am Tag, zu der Ihr Kind spielen darf. Achten Sie darauf, dass diese Zeiten eingehalten werden.
- Sollten diese Maßnahmen zu keinem Erfolg führen, entfernen Sie den Fernseher und den Computer aus dem Zimmer und reden Sie mit einem Therapeuten.

Was versteht man unter „Sucht“?
Sucht ist das unstillbare Verlangen nach einem bestimmten Stoff (z. B. Nikotin, Alkohol, Koffein, illegale Drogen) oder einem menschlichen Verhalten (stoffungebundene Suchtmittel). Stoffgebundene Suchtmittel werden oft auch als Drogen bezeichnet. Stoffungebundene Süchte werden meist gesellschaftlich akzeptiert. Prinzipiell kann jedes menschliche Verhalten in Sucht ausarten. Der Mensch kann nach allem süchtig werden, was Spaß macht und ihm dazu verhilft, sich gut zu fühlen. Es kann ein rauschähnlicher Zustand entstehen, der durch Stoffe hervorgerufen wird, die der Körper produziert.

ÜBUNG 18 **Erstelle anhand der markierten Stellen in Übung 17 das Konzept für dein Referat zum Thema „Mediensucht“.**

1. Einstieg
2. Was versteht man unter Abhängigkeit?
3.
4.
5.
6.
7.

ÜBUNG 19 **Unten sind mehrere Möglichkeiten aufgelistet, wie du deinen Einstieg in das Referat „Mediensucht“ gestalten könntest. Kreuze die sinnvollen Ideen an und streiche diejenigen durch, die unpassend sind oder dir nicht gefallen. Finde noch zwei weitere Einstiegsmöglichkeiten.**

- [ ] Ein Lied mit dem Thema Sucht bzw. Mediensucht vorspielen.
- [ ] Galgenmännchen spielen.
- [ ] Ein Foto von einem Jugendlichen, der am Computer sitzt, zeigen.
- [ ] Die Mitschüler fragen, wie häufig sie im Internet sind oder ihr Handy benutzen bzw. telefonieren, und gemeinsam eine Statistik erstellen.
- [ ] Die Schüler fragen, was sie schon zu dem Thema wissen.
- [ ] Den Lehrer fragen, was er zu dem Thema sagen kann.
- [ ] Eine PowerPoint®-Präsentation, die verschiedene Medien zeigt, erstellen.
- [ ] Einen Filmausschnitt, in dem ein Heroinabhängiger gezeigt wird, vorführen.

ÜBUNG 20 **Du möchtest die Anzahl der Internetnutzer in verschiedenen Ländern für deine Mitschüler veranschaulichen. Fertige hierzu anhand der folgenden Daten ein Säulendiagramm an.**
Berechne zuerst die Prozentwerte der Internetnutzer und trage sie in die Tabelle ein. Zeichne dann die Säulen. Markiere jedes Land mit einer anderen Farbe. Zeichne in Deutschland zusätzlich die Zahl der Onlinesüchtigen ein, die du in Übung 17 findest.

Land	**Einwohner gesamt**	**Internetnutzer in Prozent**	**Internetnutzer in Millionen**
Deutschland	81,7 Mio.	82,3 %	67,3
Belgien	11 Mio.	77,3 %	
Großbritannien	62,4 Mio.	84,4 %	
Spanien	46,1 Mio.	66,4 %	
Italien	60,6 Mio.	53,7 %	

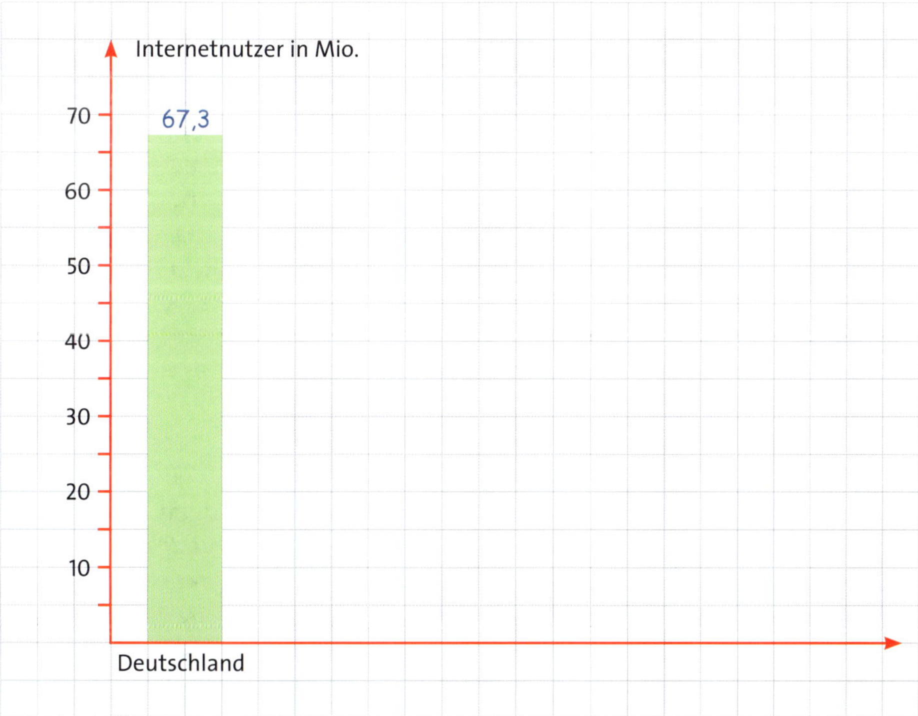

Klassenarbeit 1

45 Minuten

AUFGABE 1 **In welcher Reihenfolge werden Argumente strukturiert? Kreise die richtige Antwort ein.**

Argument – These – Beispiel – Überleitung

These – Beispiel – Argument – Überleitung

These – Argument – Beispiel – Überleitung

Beispiel – These – Argument – Überleitung

AUFGABE 2 **Nenne sechs Konjunktionen, die einen Überleitungssatz zur nächsten Begründung einleiten können.**

AUFGABE 3 **In dem folgenden Text sind die Argumente, Beispiele und Überleitungen unvollständig. Ergänze die fehlenden Satzteile durch ansprechende Formulierungen.**

Ich finde, die Schule sollte nicht auf Noten verzichten. ______ ______, würden die Schüler nichts mehr lernen. Ich kann das von mir ______ sagen. Denn ich fange – leider – erst dann an zu lernen, wenn eine Arbeit vor der Tür steht. Ich weiß, dass es viel besser wäre, ich würde rechtzeitig lernen, und ich nehme mir dies auch immer vor. Doch ohne den Druck, es wird eine Arbeit geschrieben, für die ich Noten bekomme, ______. Ich würde auch nicht für eine Arbeit lernen, für die ich keine Noten bekäme. Dann würde ich mich fragen, ______. Doch dies ist nicht der einzige Grund, ______ plädiere. Denn ______, dass die Lehrer ohne Noten nicht wüssten, welcher Schüler in der Schule eine Klasse wiederholen muss und welcher Schüler in die nächste Klasse kommen kann.

TESTEN

AUFGABE 4 **Du kennst nun drei verschiedene Arten von Protokollen. Unten werden sie kurz erklärt. Um welches handelt es sich jeweils?**

1. Es werden nur die Beschlüsse und Ergebnisse dokumentiert:

2. Man benötigt es vor allem bei wissenschaftlichen Experimenten; neben der Aufgabenstellung werden alle benötigten Geräte aufgelistet:

3. Es gibt den Gesprächsverlauf in der zeitlich korrekten Reihenfolge wieder; am Ende wird das Ergebnis schriftlich zusammengefasst:

AUFGABE 5 **Ordne die Stichpunkte den Wortwolken mit den Arbeitsschritten bei der Erstellung eines Referats zu: Vorbereitung, Ausarbeitung oder Vortrag halten? Schreibe die Stichpunkte in dein Übungsheft und notiere jeweils in einem Satz, was sie bedeuten.**

Informationen sammeln

technische Geräte überprüfen

Vorbereitung

Thesenpapier / Arbeitsblatt

Thema erfassen

deutlich sprechen

Ausarbeitung

Spickzettel

Referat ausformulieren

Stichwortzettel schreiben

Vortrag halten

Vortrag ausarbeiten

Material ordnen und auswerten

6 Umgang mit Texten: Textgattungen

6.1 Epik / Prosa

Die **Epik** ist neben der Lyrik und Dramatik eine der drei großen Gattungen der Literatur. „Episch“ bedeutet das Einnehmen einer erzählenden Haltung. Sie stellt ein Geschehen, ein Ereignis oder einen Handlungsablauf dar.

Jeder epische Text kann in Vers (Epos) oder Prosa (Roman, Kurzgeschichte usw.) gehalten sein:

- Unter **Vers** ist die metrisch-rhythmisch gebundene „Zeile“ in einem Gedicht zu verstehen.
- Unter **Prosa** versteht man alle sprachlichen Darstellungs- und Mitteilungsformen, die nicht an Verse gebunden sind.

Epik in Versform:
Homer: „Odyssee“
Nibelungenlied
Johann Wolfgang von Goethe: „Hermann und Dorothea“

Epik in Prosaform:
Wolfgang Borchert: „Nachts schlafen die Ratten doch“
Stefan Zweig: „Die Schachnovelle“
Johann Peter Hebel: „Seltsamer Spazierritt“
James Joyce: „Ulysses“

Die **Novelle** (ital.: kleine Neuigkeit) ist eine Erzählung in Prosaform mit kürzerem bis mittlerem Umfang. Gegenstand der Erzählung ist „eine sich ereignete, **unerhörte Begebenheit**“ (nach Goethe), also ein neues bzw. außergewöhnliches Ereignis, in dessen Zentrum meist ein Konflikt steht.
Der **Handlungsablauf** ist geradlinig und zielgerichtet. Typisch für die **Novelle** ist, dass es nur einen Handlungsstrang gibt, der sich um ein einziges Problem dreht. Dies engt die Rolle des Erzählers ein: Er kann nicht abschweifen, sondern muss **pointiert** erzählen.

Der **Aufbau** der Novelle:

- Knappe Exposition (Vorstellung der Ausgangssituation)
- Straffes Hinführen zum Höhe- bzw. Wendepunkt
- Abfall des Höhepunktes, Ausklang

Gerhart Hauptmann: „Bahnwärter Thiel“
Theodor Storm: „Der Schimmelreiter“
Thomas Mann: „Der Tod in Venedig“

In der Novelle „Die Marquise von O...“ von Heinrich von Kleist erwartet die Marquise ein Kind, weiß allerdings nicht, von wem. Die unerhörte Begebenheit besteht darin, dass die Marquise mit ihrem Problem an die Öffentlichkeit tritt, indem sie ein Zeitungsinserat schaltet. Dies war zu jener Zeit (Anfang des 19. Jahrhunderts) ein Skandal. Uneheliche Kinder wurden, da sie die Familienehre verletzten, gleich nach der Geburt getötet und weder in der Familie noch in der Öffentlichkeit je wieder erwähnt.

Die **Kurzgeschichte** ist gekennzeichnet durch einen meist geringen Umfang; sie beschränkt sich auf das Wesentliche.

Die Kurzgeschichte beginnt unmittelbar mit der Handlung und hat einen relativ offenen Schluss. Die Zeitdauer der Handlung ist kurz; die Handlung selbst beschränkt sich auf eine einzelne Situation. Dem Autor kommt es auf ein ausschnitthaft dargebotenes, ungewöhnliches Geschehen an. Die Handelnden einer Kurzgeschichte sind meist keine Helden, sondern gewöhnliche Menschen inmitten ihres Alltags.

Elisabeth Langgässer: „Saisonbeginn"
Wolfdietrich Schnurre: „Man sollte dagegen sein"
Heinrich Böll: „An der Brücke"

Die Kurzgeschichte „San Salvador" von Peter Bichsel ist etwa eine Seite lang, wobei die Handlung ca. eine Stunde umfasst. Es wird eine alltägliche, banale Situation gezeigt; die Akteure (Mann und Frau) sind Menschen des Alltags:
Ein Mann sitzt am Küchentisch und schreibt mit seinem neuen Füller Kritzeleien auf ein Blatt Papier, die sich letztlich zu dem Satz „Mir ist es hier zu kalt, ich gehe nach Südamerika" formen. Im weiteren Verlauf der Geschichte erfährt man, dass seine Frau demnächst von der Kirchenchorprobe heimkommen wird. Als sie schließlich zu ihm tritt, sitzt der Mann immer noch am Tisch *(= eine einzelne Situation in der Kurzgeschichte).* Sie fragt: „Schlafen die Kinder?" und streicht sich die Haare aus dem Gesicht *(= offener Schluss).*

Die **Kalendergeschichte** ist ein Sammelbegriff für kurze Erzählungen, die Elemente anderer epischer Kleinformen (z. B. Schwank, Anekdote, Parabel) in sich vereinen. Seit Kalender gedruckt werden, stehen auf der Rückseite der Kalenderblätter neben Rezepten oder Ratschlägen auch Erzählungen über unterhaltsame, nachdenklich stimmende Begebenheiten. Kalendergeschichten sind kurz und interessant, manchmal lehrhaft und immer einfach zu verstehen.

Bert Brecht: „Geschichten vom Herrn Keuner"
Johann Peter Hebel: „Seltsamer Spazierritt"
Jeremias Gotthelf: „Die schwarze Sonne"

An den „Keuner-Geschichten" von Brecht kann man die Merkmale der Kalendergeschichte besonders gut ersehen, vgl. dazu: „Wenn Herr K. einen Menschen liebte"

WISSEN

ÜBUNG 1 **Lies die folgende Novelle von Heinrich von Kleist gut durch. Markiere dann in verschiedenen Farben den für eine Novelle typischen Aufbau mit Exposition, Hinführung zum Höhe- und Wendepunkt, Höhe- und Wendepunkt, Abfall des Höhepunktes und Ausklang.**

Das Bettelweib von Locarno

Am Fuße der Alpen bei Locarno im oberen Italien befand sich ein altes, einem Marchese *(= Markgraf)* gehöriges Schloss, das man jetzt, wenn man vom St. Gotthard kommt, in Schutt und Trümmern liegen sieht: ein Schloss mit hohen und weitläufigen Zimmern, in deren einem einst auf Stroh, das man ihr unterschüttete, eine alte kranke Frau, die sich bettelnd vor der Tür eingefunden hatte, von der Hausfrau aus Mitleiden gebettet worden war. Der Marchese, der bei der Rückkehr von der Jagd zufällig in das Zimmer trat, wo er seine Büchse abzusetzen pflegte, befahl der Frau unwillig, aus dem Winkel, in welchem sie lag, aufzustehen und sich hinter den Ofen zu verfügen. Die Frau, da sie sich erhob, glitschte mit der Krücke auf dem glatten Boden aus und beschädigte sich auf eine gefährliche Weise das Kreuz; dergestalt, dass sie zwar noch mit unsäglicher Mühe aufstand und quer, wie es ihr vorgeschrieben war, über das Zimmer ging, hinter dem Ofen aber unter Stöhnen und Ächzen niedersank und verschied.

Mehrere Jahre nachher, da der Marchese durch Krieg und Misswachs in bedenkliche Vermögensumstände geraten war, fand sich ein florentinischer Ritter bei ihm ein, der das Schloss seiner schönen Lage wegen von ihm kaufen wollte. Der Marchese, dem viel an dem Handel gelegen war, gab seiner Frau auf, den Fremden in dem oben erwähnten leer stehenden Zimmer, das sehr schön und prächtig eingerichtet war, unterzubringen. Aber wie betreten war das Ehepaar, als der Ritter mitten in der Nacht verstört und bleich zu ihnen herunterkam, hoch und teuer versichernd, dass es in dem Zimmer spuke, indem etwas, das dem Blick unsichtbar gewesen, mit einem Geräusch, als ob es auf Stroh gelegen, im Zimmerwinkel aufgestanden, mit vernehmlichen Schritten langsam und gebrechlich quer über das Zimmer gegangen und hinter dem Ofen unter Stöhnen und Ächzen niedergesunken sei.

Der Marchese, erschrocken, er wusste selbst nicht recht, warum, lachte den Ritter mit erkünstelter Heiterkeit aus und sagte, er wolle sogleich aufstehen und die Nacht zu seiner Beruhigung mit ihm in dem Zimmer zubringen. Doch der Ritter bat um die Gefälligkeit, ihm zu erlauben, dass er auf einem Lehnstuhl in seinem Schlafzimmer übernachte, und als der Morgen kam, ließ er anspannen, empfahl sich und reiste ab.

Dieser Vorfall, der außerordentliches Aufsehen machte, schreckte auf eine dem Marchese höchst unangenehme Weise mehrere Käufer ab; dergestalt, dass, da sich unter seinem eignen Hausgesinde, befremdend und unbegreiflich, das

Gerücht erhob, dass es in dem Zimmer zur Mitternachtsstunde umgehe, er, um es mit einem entscheidenden Verfahren niederzuschlagen, beschloss, die Sache in der nächsten Nacht selbst zu untersuchen. Demnach ließ er beim Einbruch der Dämmerung sein Bett in dem besagten Zimmer aufschlagen und erharrte, ohne zu schlafen, die Mitternacht. Aber wie erschüttert war er, als er in der Tat mit dem Schlage der Geisterstunde das unbegreifliche Geräusch wahrnahm; es war, als ob ein Mensch sich von Stroh, das unter ihm knisterte, erhob, quer über das Zimmer ging und hinter dem Ofen unter Geseufz und Geröchel niedersank. Die Marquise *(= Markgräfin),* am andern Morgen, da er herunterkam, fragte ihn, wie die Untersuchung abgelaufen; und da er sich mit scheuen und ungewissen Blicken umsah und, nachdem er die Tür verriegelt, versicherte, dass es mit dem Spuk seine Richtigkeit habe: so erschrak sie, wie sie in ihrem Leben nicht getan, und bat ihn, bevor er die Sache verlauten ließe, sie noch einmal in ihrer Gesellschaft einer kaltblütigen Prüfung zu unterwerfen. Sie hörten aber samt einem treuen Bedienten, den sie mitgenommen hatten, in der Tat in der nächsten Nacht dasselbe unbegreifliche, gespensterartige Geräusch; und nur der dringende Wunsch, das Schloss, es koste was es wolle, loszuwerden, vermochte sie, das Entsetzen, das sie ergriff, in Gegenwart ihres Dieners zu unterdrücken und dem Vorfall irgendeine gleichgültige und zufällige Ursache, die sich entdecken lassen müsse, unterzuschieben. Am Abend des dritten Tages, da beide, um der Sache auf den Grund zu kommen, mit Herzklopfen wieder die Treppe zu dem Fremdenzimmer bestiegen, fand sich zufällig der Haushund, den man von der Kette losgelassen hatte, vor der Tür desselben ein; dergestalt, dass beide, ohne sich bestimmt zu erklären, vielleicht in der unwillkürlichen Absicht, außer sich selbst noch etwas Drittes, Lebendiges, bei sich zu haben, den Hund mit sich in das Zimmer nahmen. Das Ehepaar, zwei Lichter auf dem Tisch, die Marquise unausgezogen, der Marchese Degen und Pistolen, die er aus dem Schrank genommen, neben sich, setzen sich gegen eilf *(= elf)* Uhr jeder auf sein Bett; und während sie sich mit Gesprächen, so gut sie vermögen, zu unterhalten suchen, legt sich der Hund, Kopf und Beine zusammengekauert, in der Mitte des Zimmers nieder und schläft ein. Drauf, in dem Augenblick der Mitternacht, lässt sich das entsetzliche Geräusch wieder hören; jemand, den kein Mensch mit Augen sehen kann, hebt sich auf Krücken im Zimmerwinkel empor; man hört das Stroh, das unter ihm rauscht; und mit dem ersten Schritt: tapp! tapp! erwacht der Hund, hebt sich plötzlich, die Ohren spitzend, vom Boden empor, und knurrend und bellend, grad als ob ein Mensch auf ihn eingeschritten käme, rückwärts gegen den Ofen weicht er aus. Bei diesem Anblick stürzt die Marquise mit sträubenden Haaren aus dem Zimmer; und während der Marquis, der den Degen ergriffen: „Wer da?“ ruft, und, da ihm niemand antwortet, gleich einem Rasenden nach

allen Richtungen die Luft durchhaut, lässt sie anspannen, entschlossen, augenblicklich nach der Stadt abzufahren. Aber ehe sie noch einige Sachen zusammengepackt und aus dem Tore herausgerasselt, sieht sie schon das Schloss ringsum in Flammen aufgehen. Der Marchese, von Entsetzen überreizt, hatte eine Kerze genommen und dasselbe, überall mit Holz getäfelt wie es war, an allen vier Ecken, müde seines Lebens, angesteckt. Vergebens schickte sie Leute hinein, den Unglücklichen zu retten; er war auf die elendiglichste Weise bereits umgekommen; und noch jetzt liegen, von den Landleuten zusammengetragen, seine weißen Gebeine in dem Winkel des Zimmers, von welchem er das Bettelweib von Locarno hatte aufstehen heißen.

ÜBUNG 2 **Im Text von Übung 1 kann man weitere, für die Novelle typische Gattungsmerkmale bestimmen. Beantworte die Fragen.**

1. Welche Wesenszüge des Marchese werden in der Einleitung deutlich gemacht?

2. Wie wird die Marquise in der Einleitung charakterisiert?

3. Worin besteht im „Bettelweib von Locarno“ die „unerhörte Begebenheit“?

4. Auf welches Ziel führt der geradlinige Handlungsverlauf hin?

5. Durch welches besondere Gestaltungsprinzip des Handlungsverlaufs wird die Macht des Spuks deutlich?

ÜBEN

ÜBUNG 3 **Lies die Kurzgeschichte „Unterrichtsstunde". Wie bei Kurzgeschichten üblich, beginnt auch diese unmittelbar in der Handlung. Welche Ereignisse könnten dem Geschehen vorangegangen sein? Denke an die Pause! Schreibe eine „Vorgeschichte" in dein Übungsheft.**

Unterrichtsstunde

„He, du sollst nach vorne kommen und Österreich zeigen!", reißt mich die flüsternde Tina aus meinen Gedanken. Ich werde rosarot. Verflixt! Hatte ich schon wieder nicht aufgepasst. Das passiert mir in den letzten Tagen ständig: Meine Gedanken schweifen ab, ob ich will oder nicht. Von Wien zu Stefan – das geht so schnell und ich kann es nicht verhindern. Was er wohl mit diesem Satz in der Pause gemeint hat? Schon geht ein Raunen durch die Klasse. Schnell stehe ich auf und gehe zu der großen Europakarte, die neben der Tafel hängt. Ich weiß, dass mein Gesicht leicht rot ist, und blicke deshalb beim Gehen auf den grün gemusterten Teppichboden des Klassenzimmers. Wenn mich nur Stefan nicht ansieht! Wie peinlich. Ob ich Österreich finden werde? Vor der Karte mache ich Halt und betrachte sie suchend. Ha! Genau vor mir liegt Österreich. Wer sagts denn ... Nun kann ich punkten. Erleichtert zeige ich mit dem ausgestreckten Finger auf die Karte. „Da!", sage ich triumphierend und sehe meine Erdkundelehrerin an. Diese schaut ungläubig. „Was?", fragt sie mich. „Österreich!", sage ich mit fester Stimme. Die Klasse lacht. Meine Lehrerin schüttelt den Kopf. „Wieso stehst du während meiner Stunde auf, um mir Österreich zu zeigen?", fragt sie, bevor auch sie anfängt zu schmunzeln.

ÜBUNG 4 **Welche Merkmale treffen auf die Kurzgeschichte in Übung 3 zu? Kreuze an.**

	Ja	Nein
Der Sprachstil ist einfach.	☐	☐
Der Schluss enthält eine formulierte Lehre.	☐	☐
Es wird Alltagssprache verwendet.	☐	☐
Der Schluss ist offen.	☐	☐
Die Hauptperson ist eine Heldin.	☐	☐
Der Autor will mit seiner Geschichte die Leser belehren.	☐	☐
Es wird ein geschichtliches Ereignis aufgegriffen.	☐	☐
Die Zeitdauer der Handlung ist kurz.	☐	☐

ÜBUNG 5 **Untersuche die Erzählperspektive und das Erzählverhalten (↑ Kap. 7.3) des Textes in Übung 3. Schreibe in dein Übungsheft.**

ÜBEN

ÜBUNG 6 **Der Anfang der Kalendergeschichte „Der Barbierjunge von Segringen" nach Johann Peter Hebel ist durcheinandergeraten. Ordne den Text, indem du die Zahlen von 1 bis 6 in die Kästchen schreibst.**

☐ Wie der erschrockene Mann das hörte – denn der fremde Herr machte ein Gesicht, als wenn es nicht vexiert *(= keinen Spaß machen)* wäre, und das spitze, kalte Eisen lag auf dem Tisch –, so sprang er fort und schickte den Gesellen. Zu dem sagte der Herr das Gleiche. Wie der Geselle das hörte, sprang er ebenfalls fort und schickte den Lehrjungen.

☐ Man muss Gott nicht versuchen – aber auch die Menschen nicht. Denn im vorigen Spätjahr kam im Wirtshaus von Segringen ein Fremder von der Armee an, der einen starken Bart hatte und fast wunderlich aussah, sodass ihm nicht recht zu trauen war.

☐ Der Lehrjunge ließ sich blenden von dem Geld und dachte: Ich wags. Gerät es und ich schneide ihn nicht, so kann ich mir für vier Kronentaler einen neuen Rock für die Kirchweihe kaufen und einen Schnepper. Gerät es nicht, so weiß ich, was ich tu.

☐ Der sagte zum Wirt, ehe er etwas zu essen oder zu trinken forderte: „Habt ihr keinen Barbier im Ort, der mich rasieren kann?" Der Wirt bejahte und holte den Barbier.

☐ Zu dem sagte der Fremde: „Ihr sollt mir den Bart abnehmen, aber ich habe eine kitzlige Haut. Wenn Ihr mich nicht ins Gesicht schneidet, so bezahle ich Euch vier Kronentaler. Wenn Ihr mich aber schneidet, steche ich Euch tot. Ihr wärt nicht der Erste."

☐ Und er rasierte den Herrn. Der Herr hielt still, wusste nicht, in welch entsetzlicher Todesgefahr er war, und der verwegene Lehrjunge spazierte ihm auch ganz kaltblütig mit dem Messer im Gesicht und um die Nase herum, als wenns nur um einen Sechser oder im Fall eines Schnittes um ein Stücklein Zundel oder Fließpapier ginge und nicht um vier Kronentaler und um ein Leben, und er brachte ihm glücklich den Bart aus dem Gesicht, ohne Schnitt und ohne Blut, und dachte doch, als er fertig war: Gottlob!

ÜBUNG 7 **Was glaubst du, wie die Geschichte ausgehen könnte? Schreibe einen möglichen Schluss in dein Übungsheft. Beachte dabei die typischen Merkmale einer Kalendergeschichte.**

ÜBEN

6.2 Lyrik

Die **Lyrik** umfasst sämtliche Arten von **Gedichten.** Diese unterscheiden sich von der Prosa durch ihre gebundene Form (Vers, Metrik, Strophenaufbau).

Grundbegriffe der Lyrik:

- Ein **Vers** umfasst eine Zeile eines Gedichts.
- Das **Metrum** oder **Versmaß** bezeichnet die regelmäßige Abfolge von Hebungen (betonten Silben) und Senkungen (unbetonten Silben) in einem Vers. Es ist ein abstraktes (gedachtes) Schema der sich wiederholenden Muster.
- **Versfüße** sind die kleinste Einheit des Metrums. Sie werden, wie in der Musik, auch als Takte bezeichnet. Je nach Anzahl der Silben kann ein Verfuß zwei- oder dreihebig sein. Zu den wichtigsten Versfüßen gehören Jambus, Trochäus, Daktylus und Anapäst (↑ auch Wissen+ S. 94).
- Eine **Strophe** ist ein Gedichtabschnitt, der aus mehreren Versen besteht. Die einzelnen Strophen bilden jeweils eine Sinneinheit.
- Häufig werden die einzelnen Verse in einem Gedicht durch den **Reim** zu einer Strophe verbunden. Die Endreime werden durch Kleinbuchstaben (*a, b, c* usw.) entsprechend der Reimwörter gekennzeichnet (↑ auch Wissen+ S. 93).

Ein Fischer saß im Kahne, *1. Vers*
Ihm war das Herz so schwer *2. Vers*

Fi - scher
betont *unbetont*
x́ x

Metrum: Ein Fi-scher saß im Kah-ne
x x́ x x́ x x́ x

Versfüße:
Jambus: x x́ *(zweihebig)*
Es schlug mein Herz ...
x x́ x x́
Trochäus: x́ x *(zweihebig)*
Freude, schöner Götterfunken ...
x́ x x́ x x́ x x́ x
Daktylus: x́ x x *(dreihebig)*
Ännchen von Tharau ist's, ...
x́ x x x́ x x
Anapäst: x x x́ *(dreihebig)*
Wie mein Glück, ist mein Leid ...
x x x́ x x x́

Endreime:
a Zwei Segel **erhellend**
b Die tiefblaue **Bucht**!
a Zwei Segel sich **schwellend**
b zu ruhiger **Flucht**!

Balladen sind erzählende Gedichte, demnach eine Mischform der literarischen Gattungen Epik (↑ Kap. 6.1), Lyrik und Dramatik (↑ Kap. 6.3).

- **Epik:** Das Geschehen wird in verschiedenen Handlungsschritten dargestellt.
- **Lyrik:** Es gibt Elemente wie Verse, Metrum und Reim.
- **Dramatik:** Dialoge sowie ein dramatischer Aufbau mit Spannungshöhepunkt sind ein wichtiges Gestaltungselement.

Bekannte Balladen:
Johann Wolfgang von Goethe: „Erlkönig", „Der Zauberlehrling"
Friedrich Schiller: „Die Kraniche des Ibykus", „Die Bürgschaft", „Der Taucher"
Adelbert von Chamisso: „Die Sonne bringt es an den Tag"
Theodor Fontane: „Die Brück' am Tay"

ÜBUNG 8 **Setze die fehlenden Reimwörter aus dem Wortspeicher an die richtige Stelle der Ballade „Erlkönig" von Johann Wolfgang von Goethe.**

dir – Nebelstreif – geschwind – gehn – Wind – Strand – nicht – tot – Gestalt – grau – Kind – Ort – verspricht – Arm

Erlkönig

Wer reitet so spät durch Nacht und Wind?
Es ist der Vater mit seinem ______________ ;
Er hat den Knaben wohl in dem ______________ ,
Er fasst ihn sicher, er hält ihn warm.

„Mein Sohn, was birgst du so bang dein Gesicht?" –
Siehst, Vater, du den Erlkönig ______________ ?
Den Erlenkönig mit Kron und Schweif? –
„Mein Sohn, es ist ein ______________ ."

„Du liebes Kind, komm, geh mit mir!
Gar schöne Spiele spiel ich mit ______________ ,
Manch bunte Blumen sind an dem ______________ ,
Meine Mutter hat manch gülden Gewand."

Mein Vater, mein Vater, und hörest du nicht,
Was Erlenkönig mir leise ______________ ? –
„Sei ruhig, bleibe ruhig, mein Kind;
In dürren Blättern säuselt der ______________ ."

„Willst, feiner Knabe, du mit mir ______________ ?
Meine Töchter sollen dich warten schön;
Meine Töchter führen den nächtlichen Reihn,
Und wiegen und tanzen und singen dich ein."

Mein Vater, mein Vater, und siehst du nicht dort
Erlkönigs Töchter am düstern ______ ? –
„Mein Sohn, mein Sohn, ich seh es genau;
Es scheinen die alten Weiden so ______ ."

„Ich liebe dich, mich reizt deine schöne ______ :
Und bist du nicht willig, so brauch ich Gewalt." –
Mein Vater, mein Vater, jetzt fasst er mich an!
Erlkönig hat mir ein Leids getan! –

Dem Vater grauset's, er reitet ______ ,
Er hält in den Armen das ächzende Kind,
Erreichet den Hof mit Mühe und Not;
In seinen Armen das Kind war ______ .

WISSEN +

Reimschema

Paarreim: aabb	„Gemächlich in der Werkstatt **saß** / Zum Frühstück Meister **Nikolas,** / Die junge Hausfrau schenkt' ihm **ein,** / Es war im heitern **Sonnenschein.**" (Adelbert von Chamisso)
Kreuzreim: abab	„Seltsam, im Nebel zu **wandern!** / Einsam ist jeder Busch und **Stein,** / Kein Baum sieht den **andern,** / Jeder ist **allein.**" (Hermann Hesse)
umarmender Reim: abba	„Ein reiner Reim wird wohl **begehrt,** / Doch den Gedanken rein zu **haben,** / Die edelste von allen **Gaben,** / Das ist mir alle Reime **werth.**" (Johann Wolfgang von Goethe)
Schweifreim: aabccb	„Ja, ich weiß, woher ich **stamme,** / Ungesättigt gleich der **Flamme** / Glühe und verzehr' ich **mich.** / Licht wird alles, was ich **fasse,** / Kohle alles, was ich **lasse,** / Flamme bin ich **sicherlich.**" (Friedrich Nietzsche)

ÜBUNG 9 **Bestimme das Reimschema der Ballade „Erlkönig" von Übung 8.**

______

ÜBEN

WISSEN

Versfuß
Folgende Versfüße sind im Deutschen von Bedeutung:

Trochäus: x́ x Zweisilbiger Versfuß; einer betonten Silbe folgt eine unbetonte Silbe.	x́ x schnarchen
Jambus: x x́ Zweisilbiger Versfuß; einer unbetonten Silbe folgt eine betonte Silbe.	x x́ entfernt
Daktylus: x́ x x Dreisilbiger Versfuß; einer betonten Silbe folgen zwei unbetonte Silben.	x́ x x Königin
Anapäst: x x x́ Dreisilbiger Versfuß; zwei unbetonten Silben folgt eine betonte Silbe.	x x x́ Paradies

ÜBUNG 10 **Finde in den ersten Zeilen des Gedichts „Heidenröslein" von Johann Wolfgang von Goethe den angewandten Versfuß und kennzeichne ihn wie im Beispiel.**

Sah ein Knab ein Röslein stehn,

x́ x x́ x

Röslein auf der Heiden,

War so jung und morgenschön,

Lief er schnell, es nah zu sehn

ÜBUNG 11 **Welchen Namen hat der Versfuß des Gedichts von Übung 10?**

Versfuß:

ÜBEN

6.3 Dramatik

Die **Dramatik** ist eine der traditionellen Formen der Literatur. „Drama“ ist griechisch und bedeutet „Handlung“. Da Dramen für Aufführungen im Theater geschrieben werden, sollte bei der Analyse die szenische Umsetzung auf der Bühne berücksichtigt werden.	Johann Wolfgang von Goethe: „Faust“ Friedrich Schiller: „Die Räuber“ William Shakespeare: „Hamlet“
Kennzeichen der Dramatik:	*Goethes „Faust I“:*
■ die Handlung erzeugt Spannung;	Mephisto wettet mit Gott um die Seele von Faust.
■ im Mittelpunkt des Geschehens steht ein Konflikt;	Fausts Seelenhandel mit dem Teufel
■ die Personen treten als Spieler und Gegenspieler auf;	Mephisto und Faust
■ die Handlung wird im Dialog dargestellt;	Mephisto: „Wozu der Lärm? Was steht dem Herrn zu Diensten?“ Faust: „Das also war des Pudels Kern!“
■ Unterteilung in Szenen.	Studierzimmer I, Studierzimmer II
Das klassische Drama gliedert sich in **fünf Akte:**	
■ **Exposition / Einführung:** Vorstellung der Personen und der Situation;	Faust: verzweifelt an den Grenzen der Wissenschaft; Mephisto: bietet gegen Fausts Seele seine Hilfe an.
■ **steigende Handlung / Komplikation:** Komplikationen werden offensichtlich;	Mephisto gibt Faust einen Verjüngungstrank. Faust lernt Gretchen kennen.
■ **Höhepunkt / Wendepunkt (Peripetie)**	Gretchen wird schwanger.
■ **fallende Handlung:** Der Spannungsbogen hin zur Katastrophe wird durch scheinbare Lösungsmöglichkeiten verlängert **(retardierendes Moment).**	Gretchen soll hingerichtet werden. Faust will sie mit Mephistos Hilfe befreien.
■ **Katastrophe:** Die letzte Möglichkeit der Konfliktlösung besteht nur im Untergang des Helden.	Gretchen lehnt die Hilfe ab und stirbt.
Formen des Dramas:	
■ **Tragödie:** Die Tragödie gestaltet einen **tragischen Konflikt,** für den der Held keine Lösungsmöglichkeit erkennt und der letztlich zu seinem Untergang führt.	*Tragödien:* Friedrich Schiller: „Die Räuber“ William Shakespeare: „Hamlet“ Sophokles: „Antigone“
■ **Komödie:** Hier wird ein meist nur scheinbarer Konflikt gestaltet, sodass der Handlungsverlauf durch einen glücklichen Ausgang gekennzeichnet ist.	*Komödien:* Heinrich von Kleist: „Der zerbrochne Krug“ Molière: „Der Geizige“ Carl Sternheim: „Die Hose“

ÜBUNG 12 **Hier siehst du die Inhalte der fünf Akte von Schillers Drama „Die Räuber" – sie sind jedoch durcheinandergeraten. Ordne die klassische Gliederung den Inhalten zu, indem du die einzelnen Akte benennst.**

Franz lässt seinem Vater durch einen Boten die Nachricht überbringen, Karl habe aus Verzweiflung über die Verstoßung den Schlachtentod gefunden. Daraufhin fällt der Graf in eine so tiefe Ohnmacht, dass man ihn für tot hält.

Verkleidet isst Karl mit Amalia und seinem Bruder zu Abend. Als Amalia von ihm spricht, merkt er, wie sehr sie ihn immer noch liebt. Franz erkennt seinen Bruder und weist den Hausdiener an, ihn zu vergiften. Der Diener verrät Karl jedoch diese Pläne und Karl beschließt zu fliehen. Er geht zu den Räubern zurück, wo er die Nachricht bekommt, der Vater lebe noch und schmachte in einem Kerker dahin. Karl eilt zum Schloss und befreit den Vater.

Auf dem Schloss von Moor lebt der regierende Graf Maximilian mit seinem jüngsten Sohn Franz und seiner Nichte Amalia. Der ältere Sohn Karl (auch der Geliebte Amalias) studiert in Leipzig, wo er jedoch vor einem Schuldenberg steht. Franz informiert seinen Vater durch einen gefälschten Brief von den Missetaten Karls. Maximilian gibt Franz die Erlaubnis, einen strafenden Brief zu schreiben. Währenddessen schickt Karl einen Brief an seinen Vater, in dem er um Verzeihung bittet. Dieser jedoch wird von Franz unterschlagen. Karl wartet sehnsüchtig auf die Antwort des Vaters. Stattdessen jedoch erreicht ihn der väterliche Fluchbrief. Zornig geht er auf einen Plan seines Kumpanen Spiegelberg ein, eine Räuberbande zu bilden, um sich an der Gesellschaft zu rächen. Karl wird Hauptmann der Bande und schwört Treue bis zum Tod.

Franz hat einen schrecklichen Traum vom Jüngsten Gericht. Er erkennt sein Scheitern und erdrosselt sich selbst. Unterdessen bringen die Räuber Amalia zu Karl. Sie hofft, endlich mit ihm zusammenkommen zu können, doch Karl ist durch seinen Treueschwur an die Räuber gebunden. Aus Verzweiflung darüber bringt er Amalia um. Auch der Vater stirbt vor Entsetzen, als er erfährt, dass Karl der berüchtigte Räuberhauptmann ist. Karl stellt sich dem Gericht und will die Belohnung, die auf seinen Kopf ausgesetzt ist, einem Armen zukommen lassen.

Zur selben Zeit hilft Räuber Karl den Unterdrückten und bestraft die Herrscher. Er geht mit seiner Bande nach Franken. Der Bote gesteht Amalia seine Taten.

ÜBEN

ÜBUNG 13 **Hier findest du einen Auszug aus dem Programm einer Aufführung von Shakespeares „Romeo und Julia“. Du kannst auf den ersten Blick erkennen, welche Parteien als Spieler und Gegenspieler auftreten. Schreibe sie auf und begründe deine Antwort.**

Personen

Ansager, als Prolog
Escalus, Fürst von Verona
Graf Paris, sein Verwandter
dessen Page

zwei verfeindete Häuser

Graf Montague Gräfin Montague		Graf Capulet Gräfin Capulet
deren Sohn	Romeo & Julia	deren Tochter
Mercutio, Verwandter des Fürsten und Freund Romeos		Tybalt, Vetter Julias
Benvolio, Vetter Romeos Balthasar, Romeos Diener Abraham, Bedienter Montagues		Ohm Capulet Julias Amme Peter, deren Diener

Lorenzo, Markus, zwei Franziskaner
Apotheker, drei Musikanten

Spieler:

Gegenspieler:

Begründung:

ÜBUNG 14 **Eine Aufgabe für Könner und Kniffler: Gesucht wird ein modernes Drama. Beantworte zunächst die Fragen. Gleiche Zahlen bedeuten gleiche Buchstaben (ä = ae usw.). Wenn du manche Antworten nicht weißt, kannst du die Buchstaben, die du schon herausbekommen hast, dennoch einsetzen. Die Lösung erhältst du, wenn du die benötigten Buchstaben oben einträgst.**

Lösung: _ _ _ _ _ _   _ _ _   _ _ _ _ _

1 2 3 4 5 6   2 7 8   9 10 11 10 4

1. Vorname Shakespeares:

   1 12 13 13 12 2 14

2. „Die Räuber“ ist ein bekanntes Drama von:

   15 16 17 12 13 13 5 3

3. Eine Form des Dramas, dessen Ausgang tragisch ist, nennt man:

   4 3 2 9 10 5 11 12 5

4. Ein unterhaltsames Drama mit komischer Wirkung und glücklichem Ausgang heißt:

   18 10 14 10 5 11 12 5

5. Der erste Akt des klassischen Dramas:

   5 12 6 8 7 5 17 3 7 6 9

6. Dies steht im Mittelpunkt des Geschehens eines Dramas:

   18 10 6 8 13 12 18 4

7. Der Graf von Moor in Schillers „Die Räuber“ heißt mit Vornamen:

   14 2 19 12 14 12 13 12 2 6

8. Das soll die Handlung der Dramatik erzeugen:

   15 20 2 6 6 7 6 9

ÜBEN

Klassenarbeit 1

60 Minuten

AUFGABE 1 **Ordne die Wörter den Begriffen *Epik, Lyrik* und *Dramatik* richtig zu, indem du sie mit der entsprechenden Farbe markierst.**

Kalendergeschichte Kurzgeschichte Novelle Ballade

Vers Epik Lyrik Dramatik Akt

Tragödie Komödie Szenen Reim Metrum Strophe

AUFGABE 2 **Vervollständige die Definition der Novelle.**

Die Novelle (ital.:) ist eine Erzählung in Prosaform mit bis Umfang. Gegenstand der Erzählung ist „eine " (nach Goethe), also ein neues bzw. außergewöhnliches Ereignis, in dessen Zentrum meist ein steht. Der Handlungsablauf ist geradlinig und zielgerichtet. Typisch für die Novelle ist, dass es nur Handlungsstrang gibt, der sich um ein einziges dreht. Dies engt die Rolle des Erzählers ein: Er kann nicht abschweifen, sondern muss erzählen.

AUFGABE 3 **Lies die erste Strophe der Ballade „Der Handschuh" von Friedrich Schiller. Markiere dann die zusammengehörigen Reime mit jeweils derselben Farbe. Bestimme das Reimschema.**

Der Handschuh
Vor seinem Löwengarten,
Das Kampfspiel zu erwarten,
Saß König Franz,
Und um ihn die Großen der Krone,
Und rings auf hohem Balkone
Die Damen in schönem Kranz.

Reimschema:

AUFGABE 4 **Finde in den Wörtern den richtigen Versfuß und kennzeichne ihn.**

bitten	Hamsterrad	Küchenuhr	Erwartung
x́ x			

AUFGABE 5 **Kennzeichne in dem Satz die Versfüße und dichte anschließend im gleichen Rhythmus in deinem Übungsheft weiter.**

Der Frühling kehrt wieder, es tönen die Lieder, die Schule ist …

x x́ x x x́ x

AUFGABE 6 **Beschrifte die Handlungskurve eines klassischen Dramas, indem du die Bezeichnungen und Funktionen der fünf Akte an die passende Stelle schreibst.**

AUFGABE 7 **Die Exposition in Lessings Drama „Emilia Galotti" beginnt mit dem Monolog des Prinzen von Guastalla. Analysiere aufgrund seiner ersten kurzen Äußerung seine Situation.**

DER PRINZ *(an einem Arbeitstische voller Briefschaften und Papiere, deren einige er durchläuft).* Klagen, nichts als Klagen! Bittschriften, nichts als Bittschriften! – Die traurigen Geschäfte; und man beneidet uns noch! – Das glaub' ich; wenn wir allen helfen könnten: dann wären wir zu beneiden. – Emilia? *(Indem er noch eine von den Bittschriften aufschlägt und nach dem unterschriebenen Namen sieht.)* Eine Emilia?

Klassenarbeit 2

45 Minuten

AUFGABE 8 **Johann Wolfgang von Goethe hat die Ballade als „Ur-Ei" der Poetik gesehen. Lies die Kennzeichnung der Ballade nach Goethe und schreibe die wichtigen Stichworte in dein Übungsheft.**

Das Geheimnisvolle der Ballade entspringt der Vortragsweise. Der Sänger nämlich hat seinen prägnanten Gegenstand, seine Figuren, deren Taten und Bewegungen so tief im Sinne, dass er nicht weiß, wie er ihn ans Tageslicht fördern will. Er bedient sich daher aller drei Grundarten der Poesie, um zunächst auszudrücken, was die Einbildungskraft erregen, den Geist beschäftigen soll; er kann lyrisch, episch, dramatisch beginnen und, nach Belieben die Formen wechselnd, fortfahren ... Übrigens ließe sich an einer Auswahl solcher Gedichte die ganze Poetik gar wohl vortragen, weil hier die Elemente nicht getrennt, sondern in einem lebendigen Ur Ei zusammen sind ...

AUFGABE 9 **Untersuche mithilfe der Balladenkennzeichnung Goethes, der folgenden Textmarkierungen sowie der sich anschließenden Leitfragen die ersten drei Strophen von Theodor Fontanes Ballade „John Maynard" (Fortsetzung auf S. 102). Schreibe in dein Übungsheft.**

John Maynard

John Maynard!
»Wer ist John Maynard?«

»John Maynard war unser Steuermann,
Aus hielt er, bis er das Ufer gewann,
Er hat uns gerettet, er trägt die Kron,
Er starb für uns, unsre Liebe sein Lohn.
John Maynard.«

Die »Schwalbe« fliegt über den Eriesee,
Gischt schäumt um den Bug wie Flocken von Schnee;
Von Detroit fliegt sie nach Buffalo –
Die Herzen aber sind frei und froh,
Und die Passagiere mit Kindern und Fraun
Im Dämmerlicht schon das Ufer schaun,
Und plaudernd an John Maynard heran
Tritt alles: »Wie weit noch, Steuermann?«
Der schaut nach vorn und schaut in die Rund:
»Noch dreißig Minuten ... Halbe Stund.«

Alle Herzen sind froh, alle Herzen sind frei –
Da klingt's aus dem Schiffsraum her wie Schrei,
»Feuer!« war es, was da klang,
Ein Qualm aus Kajüt und Luke drang,
Ein Qualm, dann Flammen lichterloh,
Und noch zwanzig Minuten bis Buffalo.

Epik:
1. Um welchen prägnanten Gegenstand, um welche Figur geht es?
2. Welche epischen Elemente werden verwendet?

Lyrik:
3. Was kannst du zum Reimschema, Reim, Versmaß, rhetorischen Figuren und Metaphern festhalten?

Dramatik:
4. Was soll die Einbildungskraft erregen, den Geist beschäftigen?
5. Welche dramatischen Elemente werden verwendet?

AUFGABE 10 **Untersuche mithilfe der nachfolgenden Leitfragen den Beginn der Kurzgeschichte „Der Nachbar" von Franz Kafka. Formuliere anschließend auf der Grundlage deiner Antworten eine kurze Analyse. Schreibe in dein Übungsheft.**

Mein Geschäft ruht ganz auf meinen Schultern. Zwei Fräulein mit Schreibmaschinen und Geschäftsbüchern im Vorzimmer, mein Zimmer mit Schreibtisch, Kasse, Beratungstisch, Klubsessel und Telefon, das ist mein ganzer Arbeitsapparat. So einfach zu überblicken, so leicht zu führen. Ich bin ganz jung und die Geschäfte rollen vor mir her. Ich klage nicht, ich klage nicht.
Seit Neujahr hat ein junger Mann die kleine leerstehende Nebenwohnung, die ich ungeschickterweise so lange zu mieten gezögert habe, frischweg gemietet. ...

Leitfragen:
1. Welche ausschnitthafte Situation wird beschrieben?
2. Wie ist die Eingangssituation? Notiere entsprechende Merkmale (positive und negative).
3. Wie passt die Wendung „Ich klage nicht, ich klage nicht" zur beschriebenen Situation?
4. Welche charakterlichen Unterschiede deuten sich zwischen dem Icherzähler und dem neu eingezogenen Nachbarn, dem jungen Mann, an?

7 Umgang mit Texten: Textuntersuchung

7.1 Anwenden von Lesestrategien

Zum erfolgreichen Lernen ist es nötig, dass du dir eigenständig Informationen beschaffen (↑ Kap. 5.5) und diese erfassen kannst. Du musst einen Text so lesen, dass du die **wichtigsten Informationen** daraus wiedergeben kannst. Folgende **Lesestrategien** helfen dir dabei.

Texte markieren:
Texte richtig markieren bedeutet, die **Schlüsselbegriffe** herauszufinden und diese im Text hervorzuheben. Am besten nimmst du dafür einen farbigen Textmarker, du kannst Schlüsselbegriffe aber auch einfach mit Bleistift unterstreichen.

In jedem Fall ist es wichtig, dass du nicht zu viel markierst, weil so schnell der Überblick verloren geht. Du musst zwischen wichtigen und unwichtigen Wörtern bzw. Textstellen unterscheiden.

Buch (von althochdeutsch *buoh* „zusammengeheftete Buchenholztafeln"): Der Begriff bezeichnet heute im Unterschied zur Broschüre zumeist gedruckte Schriften im Umfang von mehr als 48 Seiten, die durch Heftung oder Klebung (Taschenbuch) miteinander verbunden sind. Es ist das Ergebnis eines intellektuellen Prozesses, der im Manuskript seinen schriftlichen Ausgangspunkt hat.

Texte gliedern:
Wenn du den Inhalt eines langen Textes wiedergeben sollst, hilft es, diesen in einzelne **Abschnitte** zu gliedern. Jedem Abschnitt kannst du zusätzlich eine Überschrift geben, sodass du den Inhalt auf einen Blick erkennen kannst. Die Überschrift oder sonstige Stichpunkte schreibst du am besten als **Randnotizen** neben den Text, damit du auch über das Wichtigste innerhalb der jeweiligen Abschnitte Bescheid weißt.

Der Buchhandel befasst sich mit der Herstellung, der Vervielfältigung und dem Verkauf von Büchern. Auch andere Medien, die der Information und Unterhaltung dienen, sind mit einbezogen, z. B. Zeitungen und Zeitschriften, CDs, Videos und CD-ROMs. Die Herstellung übernimmt der sogenannte herstellende Buchhandel, d. h. die Verlage. Dort entwickelt sich das Buch vom losen Papiermanuskript bis zum fertigen Produkt in verschiedenen Stadien.

ÜBUNG 1 **Trage die Schlüsselwörter aus dem Wortspeicher so in die Lücken des Textes ein, dass sich sinnvolle Sätze ergeben. Hebe sie dann noch einmal besonders hervor, indem du sie farbig unterstreichst.**

staatliche – Sammlung – virtuelle – Präsenzbibliothek – Bibliothek – öffentliche – private – Ausleihbibliotheken

__________ ist die Bezeichnung für eine __________ von Büchern und anderen Medien wie CDs, Filmen oder Videos sowie für den Raum oder das Gebäude, wo sie aufbewahrt werden. Es gibt __________ Bibliotheken, z. B. von Kirchen und Parteien, sowie __________ oder kommunale Bibliotheken wie Landes- und Stadtbibliotheken oder Universitätsbibliotheken und __________ Büchereien. Die meisten Bibliotheken sind __________, das heißt, der Benutzer darf die Bücher unter bestimmten Bedingungen mit nach Hause nehmen. In der __________ stehen hingegen wertvolle Bücher, die eingesehen, aber nicht ausgeliehen werden dürfen. Mit dem Begriff __________ Bibliothek ist die Übertragung auf elektronische Medien gemeint, die den Zugriff auf verschiedene Werke erlauben, sie aber nicht an einem Ort vorrätig halten.

ÜBUNG 2 **Markiere den Text so, dass auf einen Blick erkennbar wird, in welchen historischen Zeiten sich die Buchbranche weiterentwickelt hat.**

Schon in der Antike wurde mit den Vorläufern der heutigen Bücher, den Papyrus- und Pergamentrollen, gehandelt. Schreibgeübte Sklaven schrieben die Texte und Verleger organisierten ihren Vertrieb. Die mittelalterlichen Handschriften wurden in Europa verbreitet, indem sie in den Schreibstuben der Klöster vervielfältigt wurden. Es gab aber kaum Handel mit diesen Texten. Erst durch die Verwendung des vergleichsweise billigen Papiers belebte sich das Geschäft. Als im 13. Jahrhundert die ersten Universitäten gegründet wurden, kontrollierten diese auch überwiegend die Herstellung und den Verkauf der Handschriften.

ÜBUNG 3 **Lies den Text gut durch. Trage dann die folgenden Überschriften der einzelnen Abschnitte richtig ein.**

Einführung von Honorarzahlungen – Erfindung des Buchdrucks – Entstehung neuer Berufe

Die wichtigste Voraussetzung für den Buchhandel, wie wir ihn heute kennen, war die Erfindung des Buchdrucks mit beweglichen Lettern durch Johannes Gutenberg. Damit wurde es möglich, Bücher als Massenware herzustellen: Im 15. Jahrhundert wurden hierzulande ca. 7000 bis 8000 Werke gedruckt.

Infolge der Massenproduktion wandelte sich der Buchhandel von einem Nachfrage- zu einem Angebotsmarkt, das heißt, es wurde nötig, für das vorhandene Produkt Abnehmer zu finden. Es entstanden neue Berufe, da die Drucker und Kaufleute (Druckerei und Verlag) getrennten Aufgaben nachgingen.

Seit etwa 1650 wurde eine Honorarzahlung an die Autoren üblich und seit etwa 1800 wurde in Deutschland das Verlagshaus von der Buchhandlung getrennt.

ÜBUNG 4 **Finde zu jedem Abschnitt eine kurze Überschrift, die den Inhalt wiedergibt.**

Der Buchhandel gliedert sich in den sogenannten verbreitenden Buchhandel und den herstellenden Buchhandel, Verlagsbuchhandel oder Verlag genannt.

Das Verlagsprogramm, das heißt die Ausrichtung und Festlegung eines Verlags z. B. auf Unterhaltungsromane, wird durch die Verlagsleitung, in größeren Verlagen in Zusammenarbeit mit dem sogenannten Lektorat (Redaktion), entwickelt.

Die mit den Lektoren in Kontakt stehenden Autoren erstellen die Manuskripte. Ein Manuskript ist eigentlich die Bezeichnung für das „Handgeschriebene", der Begriff wird heute jedoch auch für getippte Vorlagen verwendet.

ÜBUNG 5 **Lies den Text gründlich und zerlege ihn in einzelne Sinnabschnitte, indem du sie mit einem Farbstift kennzeichnest (s. Beispiel). Gib jedem Abschnitt eine Überschrift, die du an den Rand schreibst. Markiere dann die Schlüsselbegriffe im Text.**

Menschen haben zu jeder Zeit versucht, sich miteinander auszutauschen, auch wenn sie nicht direkt miteinander sprechen konnten. Im Laufe der Zeit haben sich die Formen allerdings gewandelt. Die Naturvölker verwendeten zu diesem Zweck Bilder oder symbolische Gegenstände, die von Boten überbracht wurden. In vielen Gegenden Afrikas waren Trommelsprachen verbreitet, um die Entfernung zu überwinden und Informationen auszutauschen. Andere Völker benutzten Schriftzeichen, die sie in Wachstafeln einritzten. In unserem Kulturraum verbreitete sich die Kunst des Lesens und Schreibens etwa seit dem Ende des Mittelalters. Das für Briefe so wichtige Material Papier wurde erstmals 1380 in Deutschland hergestellt, und bald entstanden auch schon die ersten Gebrauchsanweisungen zu Form und Stil von Briefen. Im 18. Jahrhundert gab es in Deutschland eine regelrechte Briefkultur, die besonders durch Frauen geprägt wurde. Der Brief bekam erst durch die Ausbreitung einer anderen Erfindung Konkurrenz: durch das Telefon. Obgleich dieses Mittel zur Verständigung über weite Entfernungen bereits im 19. Jahrhundert erfunden worden war, breitete es sich erst nach technischen Neuerungen im 20. Jahrhundert aus. Dann wurde es allerdings zu einem alltäglichen und selbstverständlichen Kommunikationsmittel.

Wandel der Kommunikationsformen

ÜBUNG 6 **Fasse den Inhalt des Textes aus Übung 5 in eigenen Worten zusammen. Schreibe in deinem Übungsheft weiter.**

ÜBEN

7.2 Figurencharakterisierung

Bei der **Charakterisierung** einer literarischen Figur geht es darum, möglichst viele Einzelheiten zum Charakter, dem äußeren Erscheinungsbild sowie zu den besonderen Eigenschaften und Verhaltensweisen herauszuarbeiten.

Charakter: Stolz – Trägheit – Klugheit – Hilfsbereitschaft – Naivität

Erscheinungsbild: schlecht frisiert – braune Augen – nach der neuesten Mode gekleidet – verwahrlost – große Hakennase

---

Aufbau einer Charakterisierung:

- Die **Einleitung** stellt die Hinführung zur Figurencharakterisierung dar. In die Einleitung kommen Hinweise zum Text und zum Autor sowie zur Bedeutung der Figur innerhalb des Textes.

- Im **Hauptteil** wird die Figur genauer untersucht. Hier gehst du von den äußeren Merkmalen (Erscheinungsbild, Alter, Herkunft, Beruf, Familie, soziale Stellung, Sprechweise, Haltung) zu den inneren Merkmalen der Person (Wesensmerkmale, Ideale, Ziele, Verhalten und Beziehung zu anderen Figuren usw.) über.

- Im **Schlussteil** fasst du deine persönlichen Eindrücke über die Figur zusammen.

In der Kurzgeschichte „Fünfzehn“ von Reiner Kunze geht es um ein Mädchen, das mit seinen fünfzehn Jahren mitten in der Pubertät steht. Der Vater möchte sie dazu bringen, ihr Zimmer aufzuräumen, doch davon hält sie nichts.
Zunächst wird die äußere Erscheinung des Mädchens beschrieben, denn auch diese ist ihrem Vater unverständlich. Sie trägt einen Rock, „den kann man nicht beschreiben, denn schon ein einziges Wort wäre zu lang“. Hierzu wirft sie sich einen meterlangen Schal um den Hals. Ihre Schuhe sind von den Unterschriften ihrer Freunde verziert ...
Dem Autor ist es in anschaulicher Weise gelungen, das Verhalten und Aussehen seiner pubertierenden Tochter humorvoll zu beschreiben ...

So gehst du vor:

- **Unterstreiche** im Text alle wichtigen Informationen über die Figur.
- Lege eine **Tabelle** an: eine Spalte für die äußeren Merkmale und eine für die inneren Wesensmerkmale; trage die gefundenen Informationen richtig ein.

„Auf den Möbeln ihres Zimmers flockt der Staub. Unter ihrem Bett wallt er. Dazwischen liegen Haarklemmen, ein Taschenspiegel, [...] Strumpfhosen, Nylon und benutzte Taschentücher. [...] Ich weiß: Sie will sich nicht den Nichtigkeiten des Lebens ausliefern. Sie fürchtet die Einengung [...]“

WISSEN

ÜBUNG 7 **In einer Jugendzeitschrift findest du einen Report über die Sängerin und Schauspielerin Kathy. Lies ihn gut durch und sortiere die Informationen nach äußeren und inneren Wesensmerkmalen.**

Kathy: fröhliches Girl aus dem Norden

Ihr natürlicher Look: Kathy betont gern ihren eigenen Style. Obwohl sie in Los Angeles geboren wurde, bezeichnet sie sich stolz als Norwegerin – ihre Mutter kommt aus dem hohen Norden, der Vater ist Amerikaner. Von der Mutter hat sie ihre Vorliebe für Fisch. Ihre Lieblingsspeise sind Heringe mit Kartoffeln.

Ihr wundervolles Gesicht: Ihre Augen sind ein hellblauer Traum, ihre langen Haare brachten ihr den Spitznamen „blondes Gift" ein.

Ehrgeiz: Mit 18 schmiss sie für ihren Traum, ein Star zu werden, die Schule. Anfangs völlig pleite, jobbte sie sich durch schlecht bezahlte Arbeiten am Fließband und in der Küche. Es war eine harte Zeit, doch Kathy hielt durch. Sie wusste immer, was sie wollte und konnte.

Perfektionistin: Was sie macht, macht sie richtig! Ob als Sängerin oder Schauspielerin – Kathy ist vielseitig begabt.

Äußere Merkmale:

Innere Merkmale:

ÜBUNG 8 **Lies den folgenden Anfang der Erzählung „Immensee" von Theodor Storm genau durch. Kläre alle dir unbekannten Begriffe, indem du sie in einem Lexikon nachschlägst oder im Internet recherchierst.**

Immensee

An einem Spätherbstnachmittage ging ein alter, wohlgekleideter Mann langsam die Straße hinab. Er schien von einem Spaziergange nach Hause zurückzukehren; denn seine Schnallenschuhe, die einer vorübergegangenen Mode angehörten, waren bestäubt. Den langen Rohrstock mit goldenem Knopf trug er unter dem Arm; mit seinen dunkeln Augen, in welche sich die ganze verlorene Jugend gerettet zu haben schien und welche eigentümlich von den schneeweißen Haaren abstachen, sah er ruhig umher oder in die Stadt hinab, welche im Abendsonnendufte vor ihm lag. – Er schien fast ein Fremder; denn von den Vorübergehenden grüßten ihn nur wenige, obgleich mancher unwillkürlich in diese ernsten Augen zu sehen gezwungen wurde. Endlich stand er vor einem hohen Giebelhause still, sah noch einmal in die Stadt hinaus und trat dann in die Hausdiele. Bei dem Schall der Türglocke wurde drinnen in der Stube von einem Guckfenster, welches nach der Diele hinausging, der grüne Vorhang weggeschoben und das Gesicht einer alten Frau dahinter sichtbar. Der Mann winkte ihr mit seinem Rohrstock. „Noch kein Licht!", sagte er in einem etwas südlichen Akzent; und die Haushälterin ließ den Vorhang wieder fallen. Der Alte ging nun über die weite Hausdiele, dann durch einen Pesel, wo große Eichschränke mit Porzellanvasen an den Wänden standen; durch die gegenüberstehende Tür trat er in einen kleinen Flur, von wo aus eine enge Treppe zu den oberen Zimmern des Hinterhauses führte. Er stieg sie langsam hinauf, schloss oben eine Tür auf und trat dann in ein mäßig großes Zimmer. Hier war es heimlich und still; die eine Wand war fast mit Repositorien und Bücherschränken bedeckt; an der andern hingen Bilder von Menschen und Gegenden; vor einem Tische mit grüner Decke, auf dem einzelne aufgeschlagene Bücher umherlagen, stand ein schwerfälliger Lehnstuhl mit rotem Sammetkissen. – Nachdem der Alte Hut und Stock in die Ecke gestellt hatte, setzte er sich in den Lehnstuhl und schien mit gefalteten Händen von seinem Spaziergange auszuruhen. – Wie er so saß, wurde es allmählich dunkler; endlich fiel ein Mondstrahl durch die Fensterscheiben auf die Gemälde an der Wand, und wie der helle Streif langsam weiterrückte, folgten die Augen des Mannes unwillkürlich. Nun trat er über ein kleines Bild in schlichtem, schwarzem Rahmen. „Elisabeth!", sagte der Alte leise; und wie er das Wort gesprochen, war die Zeit verwandelt – er war in seiner Jugend.

ÜBUNG 9 **Markiere nun im Text von Übung 8 alle Textstellen, die für eine Charakterisierung des „Alten" wichtig sind.**

ÜBUNG 10 **Trage deine markierten Informationen zum „Alten" nun richtig ein.**

Äußere Merkmale:

Innere Merkmale:

ÜBUNG 11 **Charakterisiere nun den „Alten" und schreibe den Text in dein Übungsheft. Denke daran, dass du als Hinführung zum Thema eine kurze Einleitung verfasst. Im Hauptteil beschreibst du die Figur ausführlich. Ähnlich wie in der Erzählung kannst du zuerst die äußeren Merkmale herausarbeiten und deinen Blick dann auf die inneren Wesensmerkmale der Figur lenken. Zum Schluss formulierst du einen eigenen Eindruck.**

7.3 Textbeschreibung – Textuntersuchung (einfache Interpretation)

In der Textbeschreibung sollen wesentliche Merkmale eines Textes dargestellt werden. Das setzt voraus, dass du den Text untersuchst und die Merkmale benennen kannst.

Inhaltsangabe

Aufbau einer Textbeschreibung:

Zuerst untersuchst und beschreibst du den **Inhalt** des Textes, das heißt, du schreibst zunächst eine kurze Inhaltsangabe. Diese beginnt mit einem **Einleitungssatz** (1), der
- den Autor, den Titel und
- die Textart benennt und
- die Thematik kurz zusammenfasst.

Im Anschluss daran werden die **wesentlichen Handlungsschritte** des Textes / der Hauptpersonen wiedergegeben (2). Der Handlungsaufbau wird hierbei in logischer Reihenfolge dargestellt. Die jeweiligen Gründe müssen deutlich werden (3).

(1) In der Novelle „Michael Kohlhaas“ von Heinrich von Kleist geht es um einen jungen Mann, der, nachdem er ungerecht behandelt worden ist, durch Selbstjustiz zum Verbrecher wird.
(2) Kohlhaas wird widerrechtlich aufgehalten und gezwungen, seine Pferde zurückzulassen. Als er sie wieder abholen will, sind sie völlig abgemagert.
(3) Da er auf legalem Weg kein Recht bekommt, beginnt er mit einem räuberischen Feldzug.

Textuntersuchung

In der anschließenden **Textuntersuchung** gehst du auf alle Gesichtspunkte ein, die den Text kennzeichnen:
- die handelnden **Personen** (1) (↑ Kap. 7.2);
- die **Entstehungszeit** und den **Ort** sowie die damit verbundenen historischen **Hintergründe** (z. B. Lebensumstände der Menschen usw.) (2);
- die zentrale **Aussage** des Textes (3);

(1) Von Anfang an ist die Darstellung der Hauptfigur widersprüchlich. Michael Kohlhaas wird beschrieben als ...
(2) Der Text ist im Jahre 1810 erschienen, greift aber ein historisches Geschehen von 1532 auf. Michael Kohlhaas lebte „an den Ufern der Havel“.
(3) Der Text übt zum einen Kritik an der Willkürherrschaft, zum anderen kritisiert er aber auch die Selbstjustiz.

- auffallende **sprachliche Mittel,** die der Autor einsetzt (wiederkehrende Wörter oder Gedanken, Erzeugen von Spannung) (4);
- **Sprachstil:** Ist dieser sachlich-objektiv, subjektiv, ironisch usw. (5)?

(4) Häufig verwendet der Autor Wörter aus der Wortfamilie „Recht“: rechtschaffen, Gerechtigkeit, Rechtsgefühl.

(5) „Michael Kohlhaas“ ist in einem sachlichen, objektiven Sprachstil geschrieben: „An den Ufern der Havel lebte, um die Mitte des sechzehnten Jahrhunderts ...“

- **Erzählperspektive:** Erzählt die Figur selbst (Ich-Perspektive) oder tritt ein Erzähler auf (Er- / Sie-Perspektive) (6)?

(6) In „Michael Kohlhaas“ tritt ein Erzähler auf, es handelt sich um die Er-Perspektive: „... ein Rosshändler, namens Michael Kohlhaas, Sohn eines Schulmeisters ...“

- **Erzählverhalten:** Wird auktorial erzählt (allwissender Erzähler, der sich immer wieder kommentierend und wertend in das Geschehen einschaltet), personal (Erzählung aus der Sicht einer beteiligten Person) oder neutral (sachliche Wiedergabe der Ereignisse und Verzicht auf Kommentare) (7)?

(7) ***Auktoriales Erzählverhalten*** *bei „Michael Kohlhaas“:*
„... einer der rechtschaffensten zugleich und entsetzlichsten Menschen seiner Zeit.“
Personales Erzählverhalten *in Arthur Schnitzlers „Leutnant Gustl“:*
„Wie lang wird denn das noch dauern? Ich muss auf die Uhr schauen ...“
Neutrales Erzählverhalten *in Johann Peter Hebels „Der Barbierjunge von Segringen“* (↑ auch S. 90):
„... im vorigen Spätjahr kam im Wirtshaus von Segringen ein Fremder von der Armee an, der einen starken Bart hatte ...“

- **Erzähltechnik:** Wird die Handlung chronologisch erzählt oder gibt es Rückblenden (8)?

(8) ***Rückblende*** *in Theodor Storms „Immensee“:* „ ‚Elisabeth!‘, sagte der Alte leise; und wie er das Wort gesprochen, war die Zeit verwandelt – er war in seiner Jugend. Bald trat die anmutige Gestalt eines kleinen Mädchens zu ihm. Sie hieß Elisabeth und mochte fünf Jahre zählen.“

- Steht die **äußere Handlung** (sicht- und hörbares Geschehen) oder die **innere Handlung** (Gedanken, Empfindungen, Stimmungen) im Vordergrund (9)?

(9) In „Michael Kohlhaas“ steht die äußere Handlung im Vordergrund: „Dieser außerordentliche Mann würde bis in sein dreißigstes Jahr für das Muster eines guten Staatsbürgers haben gelten können.“

- Hat der Text einen **offenen Anfang** bzw. einen **offenen Schluss:** Beginnt er mitten im Geschehen? Ist das Ende unklar (10)?

(10) In der Regel haben Kurzgeschichten einen offenen Anfang und einen offenen Schluss.

Den **Schluss** bildet eine **Stellungnahme,** in der du deine eigene Meinung zu dem Text äußerst.

Die Geschichte „Michael Kohlhaas“ gefällt mir, weil man sich sehr gut in die Situation hineinversetzen kann. Man stellt sich vor, wie man reagieren würde, wenn ...

ÜBUNG 12 **Lies den folgenden Auszug aus Theodor Storms Erzählung „Immensee" (Fortsetzung des Textes aus Übung 8). Kreuze dann die zutreffenden Aussagen darunter an. Zitiere zu jeder angekreuzten Aussage als Beleg eine passende Stelle aus dem Text.**

Bald trat die anmutige Gestalt eines kleinen Mädchens zu ihm. Sie hieß Elisabeth und mochte fünf Jahre zählen; er selbst war doppelt so alt. Um den Hals trug sie ein rotseidenes Tüchelchen; das ließ ihr hübsch zu den braunen Augen. „Reinhard", rief sie, „wir haben frei, frei! Den ganzen Tag keine Schule, und morgen auch nicht."

Reinhard stellte die Rechentafel, die er schon unterm Arm hatte, flink hinter die Haustür, und dann liefen beide Kinder durchs Haus in den Garten und durch die Gartenpforte hinaus auf die Wiese. Die unverhofften Ferien kamen ihnen herrlich zustatten. Reinhard hatte hier mit Elisabeths Hülfe ein Haus aus Rasenstücken aufgeführt; darin wollten sie die Sommerabende wohnen; aber es fehlte noch die Bank. Nun ging er gleich an die Arbeit; Nägel, Hammer und die nötigen Bretter lagen schon bereit. Währenddessen ging Elisabeth an dem Wall entlang und sammelte den ringförmigen Samen der wilden Malve in ihre Schürze; davon wollte sie sich Ketten und Halsbänder machen.

1. Der Autor beschreibt aus der Ich-Perspektive. ☐
   Der Autor beschreibt aus der Er- / Sie-Perspektive. ☐

   Begründung:

2. Das Erzählverhalten ist auktorial. ☐
   Das Erzählverhalten ist personal. ☐
   Das Erzählverhalten ist neutral. ☐

   Begründung:

3. Es herrscht ein objektiver, sachlicher Sprachstil vor. ☐
   Es herrscht ein subjektiver Sprachstil vor. ☐

   Begründung:

WISSEN +

Vorarbeit zur Textbeschreibung

- Lies den Text gut durch und markiere wichtige Wörter und Textstellen (↑ Kap. 7.1); auch Randnotizen sind hilfreich.
- Kläre unbekannte Wörter.
- Fasse den Inhalt des Textes für dich zusammen und überlege dir, was der Autor mit diesem Text ausdrücken wollte.

ÜBUNG 13 **Lies den weiteren Auszug aus der Erzählung „Immensee“ von Theodor Storm (Fortsetzung des Textes aus Übung 12) und markiere wichtige Textstellen. Gliedere den Text dann in Abschnitte und schreibe die Überschriften der Abschnitte an den Rand.**

Im Walde

So lebten die Kinder zusammen; sie war ihm oft zu still, er war ihr oft zu heftig, aber sie ließen deshalb nicht voneinander; fast alle Freistunden teilten sie, winters in den beschränkten Zimmern ihrer Mütter, sommers in Busch und Feld. – Als Elisabeth einmal in Reinhards Gegenwart von dem Schullehrer gescholten wurde, stieß er seine Tafel zornig auf den Tisch, um den Eifer des Mannes auf sich zu lenken. Es wurde nicht bemerkt. Aber Reinhard verlor alle Aufmerksamkeit an den geografischen Vorträgen; stattdessen verfasste er ein langes Gedicht; darin verglich er sich selbst mit einem jungen Adler, den Schulmeister mit einer grauen Krähe, Elisabeth war die weiße Taube; der Adler gelobte, an der grauen Krähe Rache zu nehmen, sobald ihm die Flügel gewachsen sein würden. [...] Bald darauf kam er in eine andere Schule; hier schloss er manche neue Kameradschaft mit Knaben seines Alters; aber sein Verkehr mit Elisabeth wurde dadurch nicht gestört. [...]

Reinhard + Elisabeth unzertrennlich

Sieben Jahre waren vorüber. Reinhard sollte zu seiner weiteren Ausbildung die Stadt verlassen. Elisabeth konnte sich nicht in den Gedanken finden, dass es nun eine Zeit ganz ohne Reinhard geben werde. [...]

Da stand das Kind am Wege

Weihnachtabend kam heran. – Es war noch nachmittags, als Reinhard mit andern Studenten im Ratskeller am alten Eichentisch zusammensaß. Die Lampen an den Wänden waren angezündet, denn hier unten dämmerte es schon; aber die Gäste waren sparsam versammelt, die Kellner lehnten müßig an den Mauerpfeilern. In einem Winkel des Gewölbes saßen ein Geigenspieler und ein Zithermädchen mit feinen zigeunerhaften Zügen; sie hatten ihre Instrumente auf dem Schoße liegen und schienen teilnahmslos vor sich hinzusehen. Am Studententisch knallte ein Champagnerpfropfen. „Trinke, mein böhmisch Liebchen!“, rief ein junger Mann von

junkerhaftem Äußern, indem er ein volles Glas zu dem Mädchen hinüberreichte.
„Ich mag nicht", sagte sie, ohne ihre Stellung zu verändern. „So singe!", rief der Junker und warf ihr eine Silbermünze in den Schoß. Das Mädchen strich sich langsam mit den Fingern durch ihr schwarzes Haar, während der Geigenspieler ihr ins Ohr flüsterte; aber sie warf den Kopf zurück und stützte das Kinn auf ihre Zither. „Für den spiel ich nicht", sagte sie. Reinhard sprang mit dem Glase in der Hand auf und stellte sich vor sie.
„Was willst du?", fragte sie trotzig.
„Deine Augen sehn."
„Was gehn dich meine Augen an?"
Reinhard sah funkelnd auf sie nieder. „Ich weiß wohl, sie sind falsch!" – Sie legte ihre Wange in die flache Hand und sah ihn lauernd an. Reinhard hob sein Glas an den Mund. „Auf deine schönen, sündhaften Augen!", sagte er und trank.

ÜBUNG 14 **Erkläre folgende Wörter aus dem Text.**

1. ein rotseidenes Tüchelchen:
2. Rechentafel:
3. unverhofft:
4. Hülfe:
5. Wall:
6. geografische Vorträge:
7. Junker:
8. Zither:

ÜBUNG 15 **Vervollständige die Einleitung der Textinterpretation zur Erzählung „Immensee“. Denke dabei auch an den ersten Textabschnitt aus Übung 8. Nebenbei erfährst du, wie die Geschichte endet.**

In der ______ von ______ geht es um einen alten Mann namens ______, der sich wehmütig an ______ erinnert. Er musste wegen ______ wegziehen und entfremdet sich ihr dadurch. Bei seiner ______ findet er sie verändert, sein Schulfreund Erich scheint Interesse an ihr zu haben. ______ reist wieder ab und erfährt durch seine Mutter von der Heirat ______ mit Erich. Jahre später besucht er die beiden, doch dies ist für ihn so unerträglich, dass er sich für immer abwendet.

ÜBUNG 16 **Verfasse nun eine eigene Textinterpretation zu dem Textabschnitt „Im Walde“ aus Übung 13. Schreibe in dein Übungsheft.**

WISSEN +

Rahmen- und Binnenhandlung
Ein künstlerisches Gestaltungsmittel von Texten kann die **Rahmenerzählung** sein, in die die eigentliche Geschichte als Binnenerzählung eingebettet ist.

Der „Schimmelreiter“ von Theodor Storm ist in drei Erzählebenen unterteilt:
1. Ebene = äußerer Rahmen 1888 (1. Erzählsituation)
2. Ebene = innerer Rahmen 1830 (2. Erzählsituation)
3. Ebene = eigentliche Geschichte (Binnenerzählung), die 1750 spielt

ÜBEN

7.4 Satzbaufiguren

Inhalt und Thema von Texten werden über die Sprache vermittelt. Sie ist ein wesentliches **Darstellungsmittel.** Sprachliche Besonderheiten sollen Eindrücke verstärken und bildhafte Vorstellungen auslösen. Solche **Satzbaufiguren** findet man vor allem in Gedichten, aber auch in anderen Texten. Dabei unterscheidet man zwischen **sprachlichen Bildern** sowie **rhetorischen und stilistischen Figuren.**	Metapher, Symbol, Allegorie, Personifikation, Anapher, rhetorische Frage
Unter einem **sprachlichen Bild** versteht man das Benutzen bildhafter Ausdrücke, um Inhalte zu veranschaulichen. Dazu zählen: Die **Allegorie** ist die bildhaft belebte Veranschaulichung eines abstrakten Begriffs.	*abstrakter Begriff:* Gerechtigkeit *bildhafte Veranschaulichung:* Waage
Unter **Euphemismus** versteht man die verhüllende Umschreibung eines unangenehmen oder sonst zu vermeidenden Begriffs.	**beseitigen** *statt* umbringen **einschlafen** *statt* sterben
Bei einer **Metapher** werden die Wörter nicht in ihrer eigentlichen, sondern in einer übertragenen Bedeutung verwendet. Die Metapher verbindet so zwei Vorstellungen aus verschiedenen Bereichen zu einem neuen sprachlichen Bild, das neu, unerwartet und in seiner Wirkung intensiv ist.	das Rad der Zeit: Die Wörter *Rad* und *Zeit* entstammen verschiedenen Vorstellungsbereichen. Aus der Vorstellung, dass sich die Zeit fortwährend dreht wie ein Rad, entsteht die Metapher.
Ein **Symbol** ist ein wahrnehmbares, anschauliches Zeichen oder Sinnbild, das etwas vergegenwärtigt, was im Augenblick oder auch überhaupt nicht anschaulich zu machen ist.	Ring = Symbol für die Ehe Taube = Symbol für den Frieden
Ein **Vergleich** stellt eine Beziehung zwischen zwei Gegenständen oder Sachverhalten her, die eine Gemeinsamkeit aufweisen. Diese Beziehung wird deutlich durch die Vergleichspartikel ***wie*** oder ***so ... wie.***	Sie war stark wie ein Löwe.

Mithilfe **rhetorischer** und **stilistischer Figuren** werden Wörter auf eine bestimmte Art und Weise gewählt, um eine besondere Wirkung zu erzielen. Solche Stilmittel sind:

■ **Alliteration:** Darunter versteht man die Wiederkehr des gleichen Anlauts in aufeinanderfolgenden Wörtern.	mit **K**ind und **K**egel **W**eisheit und **W**ahnsinn können nahe beieinanderliegen.
■ **Anapher:** Dies ist die Wiederholung desselben Wortes oder derselben Wortgruppe am Anfang von Sätzen oder aufeinanderfolgenden Versen.	„**Meine Töchter** sollen dich warten schön, **Meine Töchter** führen den nächtlichen Reihn (...)" *(Goethe: „Erlkönig")*
■ **Antithese:** Darunter versteht man die Betonung der Gegensätzlichkeit zweier Tatbestände, die in Wortwahl oder Satzbau besonders aufeinander bezogen werden.	Der Letzte wird der Erste sein.
■ **Ellipse:** Dies ist ein unvollständiger grammatischer Satz, dessen Aussage aber aus sich selbst verständlich ist und zum Mitdenken anregen soll.	„Wie wankelsinnig regt sich's im Gemüte! – Kein Zweifeln mehr!" *(Goethe: „Elegie")* „Was nun?" statt „Was machen wir nun?"
■ **Synonym:** Dies ist ein sinnverwandtes Wort mit vergleichbarer Bedeutung.	Universum – Weltall Kopf – Haupt Glieder – Knochen
■ **Antonym:** Darunter versteht man entgegengesetzte Bedeutungen von Wörtern.	bleibe – gehe Sieg – Niederlage Tag – Nacht Liebe – Hass
■ **Parallelismus:** Ist die Wiederholung syntaktisch gleich gebauter Sätze oder Zeilen.	„Ihr, die ihr den Herrn fürchtet, vertraut auf ihn, und er wird euch den Lohn nicht vorenthalten. Ihr, die ihr den Herrn fürchtet, hofft auf Heil, auf immer währende Freude und auf Erbarmen!" *(Jesus Sirach 2, 8–9)*

ÜBUNG 17 **Lies dir das Gedicht „Rastlose Liebe“ von Johann Wolfgang von Goethe gut durch. Ordne den rot hervorgehobenen Satzteilen die entsprechenden Satzbaufiguren zu.**

Rastlose Liebe

Dem Schnee, dem Regen,
Dem Wind entgegen,
Im Dampf der Klüfte,
Durch Nebeldüfte,
Immer zu! Immer zu!
Ohne Rast und Ruh!

Lieber durch Leiden
Möchte ich mich schlagen,
Als so viel Freuden
Des Lebens ertragen.
Alle das Neigen
Von Herzen zu Herzen,
Ach wie so eigen
Schaffet das Schmerzen!

Wie soll ich fliehen?
Wälderwärts ziehen?
Alles vergebens!
Krone des Lebens,
Glück ohne Ruh,
Liebe, bist du!

ÜBUNG 18 **„Übersetze" die rot markierten Metaphern des Gedichtes „Mailied" von Johann Wolfgang von Goethe in deine Sprache und schreibe sie daneben.**

Mailied

Wie herrlich leuchtet
Mir die Natur! — Wie schön erscheint die Natur!
Wie glänzt die Sonne!
Wie lacht die Flur!

Es dringen Blüten
Aus jedem Zweig
Und tausend Stimmen
Aus dem Gesträuch

Und Freud und Wonne
Aus jeder Brust.
O Erd, o Sonne!
O Glück, o Lust!

O Lieb, o Liebe!
So golden schön,
Wie Morgenwolken
Auf jenen Höhn!

Du segnest herrlich
Das frische Feld,
Im Blütendampfe
Die volle Welt.

O Mädchen, Mädchen,
Wie lieb ich dich!
Wie blickt dein Auge!
Wie liebst du mich!

ÜBUNG 19 **Vervollständige das Gedicht „Fragen an die Eltern“. Denke dabei an die Anaphern *Ihr sagt* und *Warum*.**

Fragen an die Eltern

Ihr sagt, ihr versteht mich.
Warum hört ihr mir dann nicht richtig zu?

Ihr sagt, ihr seid immer für mich da.
Warum fühle ich mich dann oft so einsam?

Ihr sagt, ihr beschützt mich.
Warum

Ihr sagt, ich kann mit allem zu euch kommen.
Warum

Ihr sagt,
Warum habt ihr dann so oft schlechte Laune?

Ihr sagt,
Warum ist die Wohnung dann leer, wenn ich nach Hause komme?

Ihr sagt,
Warum speist ihr mich dann mit Schokolade ab?

Ihr sagt,
Warum

Ihr sagt,
Warum

ÜBUNG 20 **Mit welcher Metapher kann man die Ausdrücke umschreiben? Die Zahlen helfen dir dabei – gleiche Zahl, gleicher Buchstabe (ä = ae usw.). Die Lösung ist die Metapher für „übertriebene Schmeichelei“.**

Lösung:

1	2	3	4	5	6	2	5		7	5		6	2	5

									B		
8	7	3	3	2	9		9	10	11	2	5

1. Eltern, die ihre Kinder vernachlässigen:

		B								
12	4	11	2	5	2	9	13	2	12	5

2. der Familienvorstand (oft der Vater):

			P													
8	4	14	15	13		6	2	12		16	4	3	7	9	7	2

3. aufgeben:

				W							S							
6	7	2		17	4	16	16	2	5		18	13	12	2	19	20	2	5

4. äußerst niedrige Temperatur:

B														
11	2	7	21	2	5	6	2		20	4	2	9	13	2

5. angestrengt nachdenken:

S											P	
18	7	19	8		6	2	5		20	10	15	16

			B						
22	2	12	11	12	2	19	8	2	5

ÜBEN

ÜBUNG 21 **Unterstreiche in den Sätzen die Satzbaufiguren und benenne sie.**

1. Die Taube kommt auf die Erde. Wird der Krieg nun aufhören?

2. Der Lügner ist arm, der Ehrliche ist reich.

3. Gucken, grinsen, gehen.

4. Der Sensenmann steht schon vor seinem Bett.

5. Oh ihr Götter, oh du Licht!

6. Kapierst du das nicht? Mann, stehst du heute auf der Leitung!

7. Der Wettkampf ist für Jan zu Ende, bevor er richtig angefangen hat.

8. Und jetzt?

1.
2.
3.
4.
5.
6.
7.
8.

ÜBUNG 22 **Überlege dir selbst jeweils ein Beispiel der folgenden Satzbaufiguren.**

Metapher:

Alliteration:

Anapher:

Parallelismus:

Antonym:

Klassenarbeit 1

60 Minuten

AUFGABE 1 **Zeichne eine Skizze deines Lehrers bzw. deiner Lehrerin. Charakterisiere die Person in Stichworten, indem du die äußeren Merkmale um deine Skizze herum und die inneren Wesensmerkmale in deine Skizze hineinschreibst.**

AUFGABE 2 **Silbenrätsel: Beantworte die Fragen zum Thema „Lesestrategien“. Die Silben helfen dir dabei. Wenn du alles richtig gelöst hast, bleiben vier Silben übrig. Setze sie richtig zusammen und du erhältst das Lösungswort.**

fe – ti – ker – Über – no – Le – mar – grif – be – se – pro – sel –
fi – Schlüs – zen – Text – Rand – schrift

1. Diese Wörter werden im Text markiert:
2. Wichtiges Hilfsmittel zum Markieren:
3. Hilft neben dem Markieren auch:
4. Jeder Abschnitt eines Textes bekommt eine:

Lösungswort:

AUFGABE 3 **Fülle die Checkliste zur Textuntersuchung der Erzählung „Immensee“ aus (Text vgl. Übungen 8, 12 und 13).**

1. Name der Hauptperson:
2. Wortwahl eintönig oder lebhaft?
3. Erzählverhalten:
4. Offener Anfang?
5. Rückblende?

AUFGABE 4 **Mit welchem Satz könnte die Erzählung „Immensee“ enden? Kreuze den Satz an, der deiner Meinung nach am besten passt.**

- ☐ Dann rückte er auch den Stuhl zum Tische, nahm eins der aufgeschlagenen Bücher und vertiefte sich in Studien, an denen er einst die Kraft seiner Jugend geübt hatte.
- ☐ Dann stand er auf und ging, müde und traurig geworden, aus seinem Zimmer in die lebhafte Stadt.

AUFGABE 5 **Löse die folgenden Metaphern auf, indem du ihre mögliche Bedeutung kurz erläuterst.**

1. Achill war ein Löwe in der Schlacht:
2. Lampenfuß:
3. der Flug der Gedanken:
4. Wipfelmeer:

AUFGABE 6 **Im Alltag, in der Wirtschaft und in der Politik werden täglich Euphemismen benutzt. Finde passende Euphemismen zu den folgenden Wörtern und Ausdrücken.**

1. Töten von Tieren mittels einer Spritze:
2. Preise erhöhen:
3. eine tödliche Heroindosis:
4. Mitarbeiter entlassen:
5. falsch:
6. Putzfrau:
7. wegwerfen:
8. dick:
9. Verlust machen:
10. verletzte oder tote Menschen bei einem Unfall:

DUDEN

WISSEN >> ÜBEN >> TESTEN

Deutsch

Lösungsheft

8.

Klasse

1 Verben

ÜBUNG 1 **S. 6**

1. Verbot
2. Fähigkeit
3. Wunsch
4. Wunsch
5. Absicht
6. Gebot

ÜBUNG 2 **S. 6**

1. **Kann** man mit dem Bus fahren?
2. Wir **können** mit Freunden in Urlaub fliegen.
3. Ich **darf** bis um zwölf Uhr ausgehen.
4. Es **soll** ein neues Schulhaus gebaut werden.
5. **Soll** ich für dich einkaufen gehen?

ÜBUNG 3 **S. 6**

1. Heute können wir nicht ins Museum ~~gehen~~.
2. Wir wollen in Madrid nur übernachten.
3. Das Obst muss sofort in den Kühlschrank ~~gelegt werden~~.
4. Den Schlitten können wir wieder in den Keller bringen.
5. Du sollst sofort zum Rektor ~~kommen~~.

ÜBUNG 4 **S. 8**

Konjunktivformen: wären – könnten

ÜBUNG 5 **S. 9**

siehe unten

ÜBUNG 6 **S. 9**

1. **Indikativ Präsens** – Der Satz bedeutet, dass Tom tatsächlich in der Schule ist. (Der Sachverhalt ist also gegeben.)
2. **Konjunktiv I** – Der Satz bedeutet, dass es nicht ganz sicher ist, dass Tom in der Schule ist (Der Sachverhalt ist also nicht gegeben.) Man weiß nicht, ob die Mutter selbst daran glaubt, doch sie sagt dies vor anderen.
3. **Konjunktiv II** – Der Satz bedeutet, dass die Mutter weiß, dass Tom nicht in der Schule ist, z. B. weil er krank ist („Nichtwirklichkeit"). Wenn er gesund wäre, wäre er dort!
4. **Indikativ Präteritum** – Der Satz bedeutet, dass Tom tatsächlich in der Schule war. (Der Sachverhalt ist gegeben.)

ÜBUNG 7 **S. 10**

1. Es sieht so aus, als ob es mit ihm wieder bergauf **ginge.**
2. Er benimmt sich hier, als **wäre** er der Herr des Hauses.
3. Tu doch nicht so, als ob du nicht **wüsstest,** worum es hier geht.
4. Im Traum war mir, als **führe** ich auf einem Motorrad einen endlos steilen Abhang hinunter und **könnte** nicht mehr bremsen.
5. Es schien mir, als ob ihn meine Bemerkung nachdenklich gestimmt **hätte.**
6. Stell dir vor, wir **säßen** gerade auf einem Berggipfel.

ÜBUNG 5

Indikativ Präsens	**Konjunktiv I** (Konj. Präsens)	**Indikativ Präteritum**	**Konjunktiv II** (Konj. Präteritum)
sie hat	**sie habe**	sie hatte	**sie hätte**
er kommt	er komme	**er kam**	**er käme**
er ist	**er sei**	er war	**er wäre**
sie isst	**sie esse**	**sie aß**	sie äße
er geht	er gehe	**er ging**	**er ginge**
du nimmst	**du nehmest**	**du nahmst**	**du nähmest**
ihr fliegt	**ihr flieget**	ihr flogt	**ihr flöget**

ÜBUNG 8 **S. 10**
Ich wünscht, ich wär ein Gummibär, dann wär mein Leben halb so schwer.
Ich wünscht, ich wär ein Teddybär, dann wär ich jede Nacht bei dir.
Sicher sind dir weitere tolle Sprüche eingefallen.

Klassenarbeiten

AUFGABE 1 **S. 11**
1. Befehl: müssen – Nachher muss ich mein Fahrrad putzen.
2. Auftrag: sollen – Du sollst den Artikel über das Schulfest schreiben.
3. Absicht: wollen – Nächste Woche wollen wir eine Radtour machen.
4. Wunsch: mögen – Ich möchte gern ins Kino gehen.
5. Gebot: sollen – Du sollst deinen Nächsten lieben wie dich selbst.
6. Erlaubnis: dürfen – Peter darf heute in die Disko gehen.
7. Verbot: nicht dürfen – Du weißt doch, dass wir hier nicht hineingehen dürfen.
8. Möglichkeit / Fähigkeit: können – Ich kann sehr gut schwimmen.

AUFGABE 2 **S. 11**
1. möchte / will
2. wollen / sollen / dürfen / können
3. kann
4. musste
5. darfst
6. soll
7. kann / darf / soll

AUFGABE 3 **S. 12**
1. mag
2. Magst
3. mag
4. Möchtest – mag
5. möchte – mag

AUFGABE 4 **S. 12**
1. Die Tapete fühlt sich an, als **wäre sie aus Seide.**
2. Es sieht ganz danach aus, als ob wir **das Schlimmste noch vor uns hätten.**
3. Du stellst dich ja an, als **machtest du diese Arbeit zum ersten Mal.**
4. Er führt sich auf, als ob sein guter Name **auf dem Spiel stünde.**
5. Mir ist, als **hätte ich diesen Mann schon einmal irgendwo gesehen.**

AUFGABE 5 **S. 12**
1. Man **täte** ihm unrecht, wenn man ihm das **unterstellte.**
2. Ich **wäre** Ihnen dankbar, wenn Sie mir Ihre Vorschläge so bald wie möglich **mitteilten.**

AUFGABE 6 **S. 13**
wollen – sollen – müssen – dürfen – können – mögen

AUFGABE 7 **S. 13**
Peter **kann** nicht schwimmen.
Christoph **mag / möchte** nicht schwimmen.
Sie **darf** nicht schwimmen.
Er **soll** nicht schwimmen.
Alle anderen **wollen** schwimmen.
Einer **muss** zuschauen.

AUFGABE 8 **S. 13**

Indikativ	Konjunktiv I	Konjunktiv II
ich bin	ich sei	ich wäre
du bist	du sei(e)st	du wär(e)st
er / sie / es ist	er / sie / es sei	er / sie / es wäre
wir sind	wir seien	wir wären
ihr seid	ihr seiet	ihr wär(e)t
sie sind	sie seien	sie wären

AUFGABE 9 **S. 13**
Ich wünschte, er wäre reich.
Ich wünschte, er hätte Mut.
Ich wünschte, sie käme am Dienstag.
Ich wünschte, sie ließe sich die Haare schneiden.
Ich wünschte, er führe noch heute ab / er würde noch heute abfahren.
Ich wünschte, sie schriebe mir / sie würde mir schreiben.

AUFGABE 10 S. 14

	Konjunktiv I			
	Präsens	**Perfekt**	**Futur I**	**Futur II**
ich	frage	habe gefragt	werde fragen	werde gefragt haben
du	fragest	habest gefragt	werdest fragen	werdest gefragt haben
er / sie / es	frage	habe gefragt	werde fragen	werde gefragt haben
wir	fragen	haben gefragt	werden fragen	werden gefragt haben
ihr	fraget	habet gefragt	werdet fragen	werdet gefragt haben
sie	fragen	haben gefragt	werden fragen	werden gefragt haben

AUFGABE 11 S. 14

Folgende Konjunktivformen müssen rot unterstrichen sein: wär' (wäre), hätt' (hätte), Flög' (Flöge).
Alle anderen Verben stehen im Indikativ und müssen grün unterstrichen sein.
Die verwendeten Konjunktivformen *wär', hätt'* und *flög'* sind Formen des Konjunktivs II.
Der Konjunktiv II drückt in dem Volkslied die Traumvorstellung aus, ein Vogel zu sein und fliegen zu können, also einen irrealen Wunsch.

AUFGABE 12 S. 14

1. Unser Garten würde ohne ökologischen Dünger nicht so schön blühen.
2. Dieses Medikament bekämest du sicher in der Apotheke.
3. Wenn der Staudamm bersten würde, überschwemmte die Flutwelle das Tal.

2 Der Satz

ÜBUNG 1 S. 16

1. Du hast mir versprochen, dich um diese Angelegenheit zu kümmern.
2. Er hatte sich doch vorgenommen, einen Leserbrief zu schreiben, oder täusche ich mich?
3. Ich verspreche dir, diese Lügerei nicht mehr länger zu unterstützen.
4. Stefan glaubt, seinen Freund enttäuscht zu haben.
5. Sie lud mich ein, ein Eis mit ihr zu essen.
6. Der Lehrer forderte seine Schüler auf, in die Schule zurückzugehen.

ÜBUNG 2 S. 17

1. zu sehen
2. zusehen
3. zubinden
4. zu binden
5. zudrücken
6. zu drücken
7. zu geben
8. zugeben.

ÜBUNG 3 S. 17

1. Sie brachten drei Wochen damit zu, das Spiel zu spielen. – Komma **muss** gesetzt werden, weil die Infinitivgruppe durch das hinweisende Wort *damit* angekündigt wird.
2. Die Idee, das Spiel zu spielen, hatten sie schon lange. – Kommas **müssen** gesetzt werden, weil die Infinitivgruppe vom Subjekt *Idee* abhängt.
3. Dieses Spiel zu spielen, das war seit Langem ihr Wunsch. – Komma **muss** gesetzt werden, weil die Infinitivgruppe durch den Rückverweis *das* wieder aufgenommen wird.
4. Sie versuchten(,) das Spiel zu spielen. – Komma **kann** gesetzt werden, um den Satz deutlicher zu gliedern.
5. Sie verabredeten sich jeden Tag, um das Spiel zu spielen. – Komma **muss** gesetzt werden, weil die Infinitivgruppe durch *um* eingeleitet wird.

ÜBUNG 4 **S. 19**

1. **Wenn / Falls / Sofern** nichts mehr dazwischenkommt, werden wir morgen zu einer Radtour aufbrechen.
2. Natürlich fahren wir nur los, **wenn** das Wetter mitspielt.
3. **Falls** es etwas regnen sollte, würden wir wetterfeste Kleidung mitnehmen.
4. Ein Abstecher zum Badesee würde sich anbieten, **falls** es richtig heiß wird.

ÜBUNG 5 **S. 19**

1. damit – Finalsatz
2. weil – Kausalsatz
3. Wenn – Konditionalsatz
4. Obwohl – Konzessivsatz
5. Bevor – Temporalsatz / Da – Kausalsatz
6. Wenn – Konditionalsatz
7. indem – Modalsatz

ÜBUNG 6 **S. 20**

Frauen genießen während der Schwangerschaft und nach der Geburt einen besonderen Schutz, **wenn sie in einem Arbeitsverhältnis stehen.**
Der Mutterschutz beginnt grundsätzlich sechs Wochen vor dem berechneten Geburtstermin und endet regulär acht Wochen nach der Entbindung. **Wenn es sich um medizinische Frühgeburten und Mehrlingsgeburten** handelt, endet die Mutterschutzfrist zwölf Wochen nach der Entbindung.
Die Mutterschutzfrist verlängert sich nach der Geburt um die Tage, die vor der Entbindung nicht in Anspruch genommen werden konnten, **wenn eine medizinische Frühgeburt entbunden wird.**
Die werdende Mutter behält ihren bisherigen Durchschnittsverdienst (Mutterschutzlohn), **wenn ihr ein Beschäftigungsverbot auferlegt wird.**

ÜBUNG 7 **S. 22**

1. Weil ich den Zug verpasst hatte, kam ich zu spät zur Schule. – Ich kam, weil ich den Zug verpasst hatte, zu spät zur Schule.
2. Tom las in aller Ruhe ein Buch, während die Mutter sein Zimmer putzte. – Tom las, während die Mutter sein Zimmer putzte, in aller Ruhe ein Buch.

ÜBUNG 8 **S. 22**

2. Heute Morgen, bevor ich zur Schule ging,
HS, Teil I NS 1
öffnete ich das Fenster, das zur Straße zeigt.
HS, Teil II NS 2
3. Gestern Abend, als ich mein Abendbrot,
HS, Teil I NS 1, Teil I
das meine Mutter mir gerichtet hatte, aß,
NS 2 NS 1, Teil II
klingelte es an der Tür.
HS, Teil II
4. Das Kino war bereits voll besetzt,
HS
sodass alle Leute, die noch draußen warteten,
NS 1, Teil I NS 2
keinen Platz mehr bekamen.
NS 1, Teil II

ÜBUNG 9 **S. 23**

Das Kleid, das du mir geschenkt hast, habe ich
HS, Teil I NS 1
sofort angezogen, weil es so schön war.
HS, Teil II NS 2
Er verpasste den Zug, sodass er mit dem Rad
HS NS 1
fahren musste, das noch im Keller stand, weil
NS 2
er es seit Wochen nicht mehr gebraucht hatte.
NS 3
Nun sind wir froh über die Taschenlampe,
HS
die wir gestern gekauft haben, als wir in der
NS 1 NS 2
Stadt waren, weil sie im Sonderangebot war.
NS 3

ÜBUNG 10 **S. 23**

Der Deutschlehrer, **der ein rotes Jackett anhatte,** schrieb das Aufsatzthema an die Tafel, **die Julia und Simone in der Pause zuvor noch gewischt hatten, während Martin bereits in aller Ruhe sein Pausenbrot auspackte.**
Es lautete kurz und präzise, **wie es die Art dieses Lehrers war:** „Unser Hund“.
Ebenso kurz und präzise behandelte Wolfgang, **der Klassenclown,** das Thema, **obwohl er wusste, dass es den Lehrer ärgern würde:**
„Unser Hund. Wir haben keinen.“

Klassenarbeiten

AUFGABE 1 S. 24

1. Sie hat Angst, **ihren Ring zu verlieren.**
2. Du hast mir versprochen, **nicht zu schummeln.**
3. Er glaubt, **ein besonders guter Schüler zu sein.**

AUFGABE 2 S. 24

2. Unter welcher Voraussetzung würden wir gerne nach Berlin fahren?
3. Unter welcher Voraussetzung würden wir sofort in die Bibliothek gehen und uns Reiseführer ausleihen?
4. Unter welcher Voraussetzung sehen wir uns alle bekannten Sehenswürdigkeiten an?

AUFGABE 3 S. 25

1. Er freute sich schon seit Stunden darauf**,** endlich etwas zu essen. (Komma, weil die Infinitivgruppe durch ein hinweisendes Wort angekündigt wird.)
2. Wir reden viel miteinander**,** um Missverständnissen auszuweichen. (Komma, weil die Infinitivgruppe mit *um* eingeleitet wird.)
3. Sie freut sich(,) bald Geburtstag zu feiern. (Komma kann gesetzt werden.)
4. Den ganzen Tag zu lesen**,** das nahm sie sich für die Ferien vor. (Komma, weil die Infinitivgruppe durch einen Rückverweis wieder aufgenommen wird.)
5. Ich treibe**,** um schlank zu bleiben**,** viel Sport. (Kommas, weil Infinitivgruppe mit *um* eingeleitet wird.)

AUFGABE 4 S. 25

1. Kausalsatz: Warum?
2. Konsekutivsatz: Mit welcher Folge?
3. Adversativsatz: Was passiert im Gegensatz dazu?
4. Temporalsatz: Wann?

AUFGABE 5 S. 25

Lösungsvorschlag:

Florian**, ein vierzehnjähriger Schüler aus Delmenhorst,** erzählt in der Schule, er habe am Morgen**, nachdem er gefrühstückt hatte,** vier tote Fliegen in der Wohnung**, die in einem Haus mit vier weiteren Wohnungen liegt,** gefunden: zwei männliche und zwei weibliche.

Der Lehrer**, der heute besonders schlechte Laune hat,** betrachtet ihn skeptisch**, weil er weiß, dass Florian öfter einmal Stuss erzählt:** „Woher willst du denn wissen, dass es weibliche und männliche waren?"

Da antwortet Florian **vorwitzig, was er gut kann, weshalb er auch als schlagfertigster Schüler der Klasse gilt:** „Na, zwei klebten am Schnapsglas**, das noch von gestern auf dem Tisch stand,** und zwei am Spiegel**, vor dem ich mich, bevor ich in die Schule ging, nochmals bewundern wollte.**"

AUFGABE 6 S. 26

Lösungsvorschlag:

1. Stadtbewohner freuen sich darüber**, am Wochenende ins Grüne zu fahren.**
2. Nach der Arbeitswoche ist es wichtig**, sich zu erholen.**
3. **Das Wochenende zu genießen,** das ist das oberste Ziel.
4. **Im Stau zu stehen** ärgert viele jedoch.
5. Die Überlegung**, die Fahrzeit zu prüfen,** sollte vor der Abfahrt eine Rolle spielen.
6. Städter ziehen daraus vielleicht die Konsequenz**, mit dem Fahrrad zu fahren.**

AUFGABE 7 S. 26

1. Das Komma **muss** stehen wegen des hinweisenden Wortes *darüber*.
2. Das Komma **muss** stehen wegen des hinweisenden Wortes *es*.
3. Das Komma **muss** stehen wegen des Rückverweises mit *das*.
4. Das Komma **kann** stehen: Im Stau zu stehen**(,)** ärgert viele jedoch.
5. Die Kommas **müssen** stehen, da die Infinitivgruppe von einem Substantiv abhängt.
6. Das Komma **muss** stehen wegen des hinweisenden Wortes *daraus*.

AUFGABE 8 **S. 26**

1. das Buch endlich lesen zu können
2. um beim nächsten Spiel dabei sein zu dürfen
3. dazuzugehören
4. Ihr ein Geschenk mitzubringen
5. regelmäßig Vokabeln zu lernen
6. die Zukunft zu kennen
7. die Wahrheit zu sagen

AUFGABE 9 **S. 27**

1. Es ist nötig, für den Kuchen weiche Butter zu verwenden. – Subjekt
2. Langsam ist es Zeit für uns zu gehen. – Subjekt
3. Er beeilt sich, um rechtzeitig an der Bushaltestelle zu stehen. – Adverbiale
4. Ich habe beschlossen, mir heute eine neue Tasche zu kaufen. – Objekt
5. Um nicht immer die Letzte zu sein, bin ich heute zehn Minuten früher aus dem Haus gegangen. – Adverbiale
6. Wir werden dazu bereit sein, neue Aufgaben zu übernehmen. – Objekt
7. Wir haben uns Mühe gegeben, ein passendes Geschenk auszusuchen. – Objekt
8. Es ist besser, bei regnerischem Wetter einen Schirm dabei zu haben. – Subjekt

AUFGABE 10 **S. 27**

1. zu packen
2. zupacken
3. zustellen
4. zu stellen
5. zu rufen
6. zurufen
7. zuwerfen
8. zu werfen

AUFGABE 11 **S. 28**

1. Hermine wollte gerade mit den Hausaufgaben beginnen, **als** sie draußen ein dröhnendes Geräusch hörte.
2. **Weil** sie sehr neugierig war, lief sie sofort zum Fenster.
3. **Obwohl** sie beide Fensterflügel weit geöffnet hatte, konnte sie nichts Außergewöhnliches entdecken.
4. Das Geräusch aber hörte sie weiterhin und es wurde sogar immer lauter, **sodass** sich Hermine schließlich die Ohren zuhalten musste.
5. Schnell rannte sie zur Tür, **damit** sie vor dem Haus einen besseren Blick hatte.
6. Und dann sah sie ihn: Hagrid fuhr auf seinem alten Motorrad durch den Himmel, **indem** er gleichzeitig eine Handsirene betätigte und lauthals sang.
7. „**Wenn** ich es nicht mit eigenen Augen gesehen hätte, würde ich es nicht glauben“, dachte sie.
8. Sie wusste ja nichts von der verlorenen Wette, **während** Hagrid die ganze Sache entsetzlich peinlich war.

AUFGABE 12 **S. 28**

1. Temporalsatz
2. Kausalsatz
3. Konzessivsatz
4. Konsekutivsatz
5. Finalsatz
6. Modalsatz
7. Konditionalsatz
8. Adversativsatz

AUFGABE 13 **S. 28**

1. Wegen der Teilnahme am Wohltätigkeitsmarsch fällt morgen der Unterricht aus. – **Weil alle am Wohltätigkeitsmarsch teilnehmen,** fällt morgen der Unterricht aus.
2. Trotz der Vorhersage von Regen wird die ganze Klasse beteiligt sein. – **Obwohl Regen vorhergesagt ist,** wird die ganze Klasse beteiligt sein.
3. Die Organisation ist nach einer langen Planung endlich perfekt. – Die Organisation ist endlich perfekt, **nachdem lange geplant wurde.**
4. Durch die Einbeziehung der Lehrer als Streckenposten ist es ein Projekt der gesamten Schulgemeinschaft. – Es ist ein Projekt der gesamten Schulgemeinschaft, **wobei / indem / weil die Lehrer als Streckenposten einbezogen werden.**
5. Wegen dieser Einbeziehung können auch jüngere Schüler die großen Straßen sicher überqueren. – **Weil die Lehrer einbezogen werden,**

können auch jüngere Schüler die großen Straßen sicher überqueren.

6. Einige Tage werden bis zur Berechnung der Spendensumme vergehen. – Einige Tage werden vergehen, **bis die Spendensumme berechnet ist.**

AUFGABE 14 **S. 29**

In folgender Reihenfolge solltest du eingesetzt haben:

Wenn – weil – damit – sodass – Während – indem – Obwohl

AUFGABE 15 **S. 29**

1. Viele Geschichten, (HS, Teil I) die die alten Römer erzählten, (NS) haben sie bereits von den Griechen übernommen. (HS, Teil II)

2. Manche Mythen haben die Dichter in späteren Zeiten immer noch so sehr beeindruckt, (HS) dass sie sie neu erzählt haben, (NS 1) indem sie etwa den Ort, die Zeit oder die Namen geändert haben. (NS 2)

3. Wenn man den Mythos vom Liebespaar Pyramus und Thisbe hört, (NS 1) den der römische Dichter Ovid erzählt, (NS 2) denkt man sofort an ein anderes berühmtes Liebespaar. (HS)

4. Obwohl beide nebeneinander wohnen, (NS 1) dürfen sie nicht miteinander sprechen, (HS 1) da ihre Väter verfeindet sind; (NS 1) ein kleiner Spalt in der Mauer ist die einzige Verbindung zueinander. (HS 2)

5. Nachdem sie durch diesen Spalt einen Plan zur gemeinsamen Flucht vereinbart haben, (NS 1) verlässt zunächst Thisbe das väterliche Haus, (HS) damit sie zum vereinbarten Treffpunkt gelangt. (NS 1)

6. Während sie auf den Geliebten wartet, (NS 1) erscheint eine Löwin, (HS) die Thisbe zu Tode erschreckt, (NS 2) sodass sie in eine Höhle flieht, (NS 3) wobei sie ihren Schal verliert. (NS 4)

7. Als Pyramus den Park erreicht, (NS 1) findet er, (HS, Teil I) der seine Geliebte zu finden hoffte, (NS 2) nur ihren blutigen Schal und die Spuren der Löwin. (HS, Teil II)

8. Da sein Schmerz unermesslich groß ist, (NS 1) weil er denkt die Geliebte verloren zu haben, (NS 2) stürzt er sich in sein Schwert. (HS)

9. Obwohl Thisbe nur wenige Minuten später aus der Höhle tritt, (NS 1) ist es zu spät. (HS)

10. Auch sie sieht für sich nur den Weg, (HS, Teil I) den Pyramus bereits gewählt hat, (NS 1) und tötet sich mit dem Schwert, (HS, Teil II) das neben dem Toten liegt. (NS 2)

3 Rechtschreibung

ÜBUNG 1 **S. 31**

An einem **M**ontag im April machte sich die Klasse 8 in aller **F**rühe zu ihrer Klassenfahrt nach Berlin auf. Nach einer **l**angen und **a**nstrengenden Zugfahrt kamen sie am **f**rühen **N**achmittag am **B**erliner Bahnhof **Z**oo an. Von dort mussten die Schüler noch zehn Minuten zum Jugendhotel laufen, wo sie bereits vom **I**nhaber erwartet wurden. Dieser **ü**berreichte ihnen zur Begrüßung die Hausordnung:

Hausordnung für **J**ugendhotels
Der **B**erliner **J**ugendhotelverbund wünscht allen **G**ästen einen **i**nteressanten und **e**rholsamen **A**ufenthalt in seinen Jugendhotels! Da in unseren Hotels **t**äglich viele junge Menschen ankommen und **a**breisen, ist es sehr wichtig, für einheitliche **R**egelungen zu sorgen. Aus diesem Grund haben wir **H**ausregeln aufgestellt, die helfen sollen, die **v**erschiedenen **A**nsprüche auszugleichen und einen **a**ngenehmen Rahmen für einen **e**rholsamen Aufenthalt zu schaffen. Die folgenden Regelungen gilt es daher im **I**nteresse aller Gäste zu beachten. Gruppenleiter und Lehrer sind **v**erantwortlich für ihre Gruppen.

ÜBUNG 2 **S. 32**

2. Das Buch habe ich **h**eute **M**orgen zu Ende gelesen. – Begründung: kombinierte Zeitangabe (Adverb + Substantiv)
3. Das **R**eiten ist ihr größtes Hobby. – Begründung: substantiviertes Verb
4. **M**ittags werde ich immer müde. – Begründung: Satzanfang
5. Immer werde ich **m**ittags müde. – Begründung: Adverb als Zeitangabe
6. Am **D**ienstagnachmittag finden meine Prüfungen statt. – Begründung: Zeitangabe als Substantiv
7. Du benimmst dich, als wärst du im **W**ilden Westen. – Begründung: Adjektiv als fester Bestandteil des Namens
8. Ich bestelle mir ein **W**iener Schnitzel. – Begründung: geografische Bezeichnung auf *-er*
9. Sie haben ein Ferienhaus auf einer **o**stfriesischen Insel. – Begründung: Adjektiv

ÜBUNG 3 **S. 32**

2. Mir ist ein strenger Lehrer lieber als ein **g**utmütiger **(Lehrer).**
3. Ich esse lieber ein weiches Ei als ein **h**artes **(Ei).**
4. Ich bin der **B**este (–).
5. Der klügste Schüler ist nicht immer auch der **b**este **(Schüler).**
6. Der **F**leißige (–) wird mit Erfolg belohnt.

ÜBUNG 4 **S. 34**

1. Zwei Stunden **fernsehen** am Tag ist zu viel.
2. Komm her und hilf mir, dann musst du dich nicht **langweilen.**
3. Auf Schüler, die die Hausordnung **übertreten,** wartet eine saftige Strafe.
4. Wie gedenkst du diese Sache zu **handhaben?**
5. Ich kann es überhaupt nicht leiden, wenn du versuchst, mir andauernd zu **widersprechen.**

ÜBUNG 5 **S. 34**

10 000 000: zehn Millionen
53: dreiundfünfzig
999 998: neunhundertneunundneunzigtausendneunhundertachtundneunzig
1 000 001: eine Million eins
555 000: fünfhundertfünfundfünfzigtausend

ÜBUNG 6 **S. 35**

lupenrein – grasgrün – haushoch – pfeilschnell – kreisrund – federleicht

ÜBUNG 7 **S. 35**

Lösungsvorschlag:
2. bezaubernd **schön**
3. gleißend **hell**
4. glühend **heiß**
5. beängstigend **hoch**
6. **auffallend** dick
7. **erschreckend** einsam

ÜBUNG 8 **S. 36**

1. So weit
2. Soweit
3. Soweit
4. so weit

ÜBUNG 9 **S. 36**

1. Fehler! Verbindungen mit *sein* werden immer getrennt geschrieben; richtig: beisammen sein.
2. Fehler! Substantive und Adjektive, die für eine Wortgruppe stehen („steif wie ein Stock"), werden zusammengeschrieben; richtig: stocksteif.
3. Richtig, denn Substantive und Adjektive, die für eine Wortgruppe stehen („weich wie Butter"), werden zusammengeschrieben.
4. Fehler! Verbindungen aus adjektivisch gebrauchten Partizipien und Adjektiven werden getrennt geschrieben; richtig: strahlend weiß.
5. Fehler! Konjunktionen werden meistens zusammengeschrieben; richtig: Obgleich.

ÜBUNG 10 **S. 36**

Rad fahren – teilnehmen – Angst haben – Schlittschuh laufen – wettmachen – heimfinden
Satzbeispiele: Morgen werden wir Rad fahren. – An dem Sommerfest kann ich nicht teilnehmen. – Ob sie wohl Angst haben, dass sie nicht mehr heimfinden? – Gehen wir heute Schlittschuh laufen? – Ganz ehrlich, ich weiß nicht, wie ich das wieder wettmachen kann.

ÜBUNG 11 **S. 38**

Kaffee-Ernte – Klee-Einsaat – Schnee-Eule – Brenn-Nessel (jedoch meist ohne Bindestrich: Brennnessel) – Armee-Essen

ÜBUNG 12 **S. 38**

1. 68er
2. 50stel
3. 100%ig
4. S-Kurve
5. 25-Fache (auch: 25fache)
6. 6:3-Sieg
7. 5-Eck – 6-Eck
8. CD-Brenner
9. 5-Euro-Schein
10. Lkw-Fahrer
11. 5-Jährige
12. DVD-Rohling

ÜBUNG 13 **S. 39**

Mehrzweckküchenmaschine: 1. Mehrzweck-Küchenmaschine: Küchenmaschine, die verschiedene Zwecke erfüllt; **2.** Mehrzweckküchen-Maschine: Maschine, die in einer Mehrzweckküche verwendet wird.
Musikerleben: 1. Musik-Erleben: das Erleben (Genießen) von Musik **2.** Musiker-Leben: das Leben eines Musikers
Druckerzeugnis: 1. Druck-Erzeugnis: das Erzeugnis (Produkt) eines Drucks **2.** Drucker-Zeugnis: das Zeugnis eines Druckers
Altbauerhaltung: 1. Altbau-Erhaltung: die Erhaltung eines Altbaus **2.** Altbauer-Haltung: die Haltung von Altbauern (alten Bauern)

ÜBUNG 14 **S. 39**

Lösungsvorschlag:
1. Groß- und Kleinschreibung
2. Ein- und Ausgang
3. Kastanien- und Ahornbäume
4. Mathe- und Deutschstunden
5. Grund- und Hauptschule

ÜBUNG 15 **S. 41**

Englisch: T-Shirt, Computer, Beachparty, Laptop
Französisch: Niveau, Refrain, Restaurant, Fritteuse, Journalist, engagieren
Griechisch: Sympathie, Geologie, Teleskop, Sinfonie, Thermostat, Pädagoge
Lateinisch: Resultat, Reform, Demonstration

ÜBUNG 16 **S. 41**

Beat – Hockey – Beefsteak – Training – Sweater – Volleyball – Team – Trenchcoat

ÜBUNG 17 **S. 42**

Poesiealbum (richtig) – ~~Mickrobiologe~~ Mi**k**robiologe – ~~Korektur~~ Kor**r**ektur – Expansion (richtig) – ~~Excursion~~ Ex**k**ursion – ~~bandaschieren~~ banda**g**ieren – ~~Bagett~~ Ba**gu**ette – ~~Biosfäre~~ Bios**ph**äre – Montage (richtig) – Majonäse (richtig) / Ma**yonnai**se – ~~Inwasion~~ In**v**asion – ~~konsegwent~~ konse**qu**ent – Physik (richtig) – ~~Rüttmuss~~ Rhythmus – Theater (richtig) – ~~Photosyntese~~ Photosyn**th**ese / Fotosyn**th**ese

ÜBUNG 18 **S. 42**
1. Souvenir
2. Recycling
3. Rheuma
4. Hauptsaison
5. Demokratie

ÜBUNG 19 **S. 43**
Kusine – Fantasie – Biografie – Panter – Tunfisch – substanziell – Jogurt – Grafiker – Saxofon – Potenzial – Polonäse – Portmonee – Brokkoli – Soße

Klassenarbeiten

AUFGABE 1 **S. 44**
Der Spieler
Markus ist der beste Fußballspieler in der Gegend. Das Spielen ist das Höchste für ihn. Er trainiert jeden Abend. Samstags hat er Spiele und sonntags trainiert er sogar morgens und abends. Außerdem achtet er auf seine Ernährung. Mittlerweile weiß er: Kohlenhydratreiche Speisen machen ihn leistungsfähiger als fettreiche. Markus weiß: Der Beste gewinnt. Jedoch sind verlorene Spiele für ihn eigentlich nicht schlimmer als gewonnene. Sobald er ein Spiel verloren hat, motiviert ihn das noch mehr. Dann ist sein Ehrgeiz so groß, dass alle in seiner Mannschaft wissen: Das nächste Spiel werden sie gewinnen.

AUFGABE 2 **S. 44**
Schlitten fahren – wettmachen – staubtrocken – Angst haben – irreführen – teilhaben – schlafwandeln – durchqueren – nachdem – brennend interessant – grün malen – halbseiden

AUFGABE 3 **S. 45**
Spartarif-Flug – Ur-Insekt

AUFGABE 4 **S. 45**
68er – C-Dur – Lebens- und Erlebensgefühl – 25-Jahr-Feier – Flöten-Chors – Rock-'n'-Roll-Band – tolle Jubiläumsfeier – 30- bis 40-Jährigen – 50-Jährigen – S-Bahn – Solarenergie-Auto – Eine-Welt-Laden – Vitamin-C-haltige Orangen und Mandarinen – hin- und herwuschelt – braune oder lilafarbene – Schafs- oder Ziegenwolle – Cord- oder Jeanshosen – unveränderliche Kennzeichen – 60-jährigen – immer und überall – auf- und zumachen

AUFGABE 5 **S. 45**
Nugat – Toilette – Jalousie – Restaurant – Engagement – Mayonnaise

AUFGABE 6 **S. 46**
1. **s**onntags: Zeitadverb
2. **H**eute **M**orgen: Satzanfang, kombinierte Zeitangabe – **R**eihe: Substantiv
3. **r**unden: Adjektiv bezieht sich auf Brötchen – **m**orgens: Zeitadverb
4. **D**ecken, **K**ochen: substantiviertes Verb
5. **A**ufbrühen: substantiviertes Verb – **k**lassische: Adjektiv bezieht sich auf CD
6. **S**chönsten: substantiviertes Adjektiv – **S**onntagmorgen: Substantiv

AUFGABE 7 **S. 46**
1. weißen
2. Weiß
3. Schwimmen
4. heißen – kalten – schwimmen
5. Heißes
6. Richtige – leicht

AUFGABE 8 **S. 46**
1. morgens – mittags – abends
2. gestern Abend
3. morgen Vormittag
4. Montag – montags – dienstags

AUFGABE 9 **S. 47**
Ein- und Ausgang
saft- und kraftlos
Balkon- und Gartenmöbel
Textilgroß- und -einzelhandel
Deutsch- und Englischlehrer
2- bis 3-mal
Grund- und Aufbauwortschatz
Privat- und öffentliche Mittel

AUFGABE 10 **S. 47**

1. 400-m-Lauf
2. Fußball-WM, 4-2-4-System
3. 2:0-Sieg
4. b-Moll-Tonleiter, 50-Jahr-Feier
5. 68er
6. 100%ige
7. Mund-zu-Mund-Beatmung
8. dpa-Meldung

AUFGABE 11 **S. 47**

Englisch: Beachvolleyball, Realityshow, Champ
Französisch: Engagement, Niveau, Menü
Lateinisch: Sozialisation, Kontakt
Griechisch: Analphabet, Stethoskop, Pädagogik, Dialekt

AUFGABE 12 **S. 48**

dabei sein – teilhaben – Klavier spielen – gefangen nehmen – Kuchen backen – glücklich sein – schneeweiß – sowohl – übereinstimmen – zuvorkommen – Schlange stehen – weismachen

AUFGABE 13 **S. 48**

1. liebäugeln
2. kleinschreiben (mit kleinem Anfangsbuchstaben schreiben)
3. schwarzfahren
4. wahrsagen
5. richtig machen
6. genau nehmen
7. klar sehen
8. übrig bleiben
9. fernsteuern

AUFGABE 14 **S. 48**

Die korrekte Schreibung:

1. stattfinden
2. heimfahren
3. Bescheid geben
4. recht habe
5. teilnehmen
6. irreführenden

AUFGABE 15 **S. 48**

1. liegen bleiben
2. gesagt bekommen – gründlich lernen – besser werde
3. kennenzulernen / kennen zu lernen
4. geschenkt bekommen – lang ersehnten / langersehnten
5. spazieren gehen
6. kommen lassen

AUFGABE 16 **S. 49**

1. widersprechen
2. wieder sprechen
3. durchqueren
4. übersetzen
5. übersetzen
6. gutschreiben
7. gut schreiben

AUFGABE 17 **S. 49**

Im letzten Winter haben wir etwas Außergewöhnliches erlebt. Nachdem wir zuerst Schlittschuh laufen waren, wollten wir noch eine Weile spazieren gehen. Im Wald lag der Schnee meterhoch und auch auf den Feldern soweit das Auge reichte. Es war klirrend kalt und ein strahlend schöner Tag. Plötzlich erkannten wir, dass wir uns verlaufen hatten. Wir beschlossen zunächst zusammen zu bleiben und ruhig zu sein. Wir wollten uns nicht irre machen und keine Angst haben, sondern in Ruhe überlegen. Leider konnten wir niemandem Bescheid geben, weil wir kein Handy dabeihatten. Da erschien ein wunderschöner Hirsch auf der Lichtung vor uns. Anstatt zu fliehen schaute er uns an, als ob er uns etwas sagen wollte. Er ging ein paar Schritte und blickte wieder zurück. Langsam folgten wir ihm, weil uns mittlerweile bitterkalt war und wir keine andere Möglichkeit sahen. Nach einer Weile hatte er uns tatsächlich aus dem Wald herausgeführt und wir kannten uns wieder aus. Superschnell wollten wir heimlaufen und endlich die nasskalten Füße aufwärmen.

4 Zeichensetzung

ÜBUNG 1 **S. 51**

2. Er kann nicht glauben,
HS
dass er die Prüfung bestanden hat.
GS
Frage: Was kann er nicht glauben? **(Objektsatz)**

3. Nachdem wir das Spiel gespielt hatten,
GS
mussten wir leider nach Hause.
HS
Frage: Wann mussten wir nach Hause? **(Adverbialsatz)**

4. Wer mich liebt, den liebe ich auch.
GS HS
Frage: Wen liebe ich auch? **(Objektsatz)**

5. Ich erinnerte mich,
HS
dass er sein Handy verloren hatte.
GS
Frage: Wessen erinnerte ich mich? **(Objektsatz)**

ÜBUNG 2 **S. 51**

Heute war so ein richtig verflixter Morgen. Nachdem ich mich aus dem Bett gequält hatte, rutschte ich auf der Fußmatte aus. Ich rappelte mich hoch und hinkte ins Bad, das wie immer besetzt war. Meine Schwester! Damit sie ja auch schön genug ist, steht sie immer eine halbe Stunde früher auf und nimmt das Badezimmer in Beschlag. Wirklich klasse! Wenn sie dann endlich fertig ist, kann man das Bad erst einmal nicht betreten, weil sich eine riesengroße Duftwolke in ihm ausgebreitet hat. Ich trat also gegen die Tür, um mich wenigstens bemerkbar zu machen. Und wie ich meiner Wut so freien Lauf ließ, durchfuhr mich ein stechender Schmerz: mein großer Zeh! Ich musste ihn angeknackst haben. Nachdem ich langsam zurück ins Bett gehumpelt war, zog ich mir die Decke über den Kopf. Hier kriegt mich keiner mehr raus.

ÜBUNG 3 **S. 52**

Lisa**, die eigentlich sehr gerne in die Schule geht,** kommt heute völlig entnervt nach Hause. Ihre Mutter**, die soeben das Mittagessen kocht,** sieht sie erstaunt an. **Nachdem sie fertig gekocht hat,** setzt sie sich zu ihrer Tochter an den Tisch und fragt, was los sei. **Da Lisa immer noch wütend ist,** schimpft sie laut: „Ein Wahnsinn! **Wenn morgen nicht alle Schüler ihre Hausaufgaben haben,** machen wir drei Stunden Französischunterricht!" **Damit sich ihre Tochter ein wenig beruhigt,** versucht es die Mutter mit einem Scherz: „Na und? Die armen Kinder in Frankreich haben das den ganzen Tag!" Daraufhin verlässt Lisa**, die überhaupt nicht zum Lachen aufgelegt ist,** ohne Worte die Küche.

ÜBUNG 4 **S. 54**

Lösungsvorschlag:

2. Ich kann nicht leben ohne mein Bett – am liebsten mit ganz vielen Kissen.
3. Ich kann nicht leben ohne meine Freunde – am liebsten den ganzen Tag.
4. Ich kann nicht leben ohne meinen Fernseher – am meisten im Winter.
5. Ich kann nicht leben ohne meine Lieblingsjeans – am liebsten Tag und Nacht.
6. Ich kann nicht leben ohne Musik – am liebsten ganz laut.

ÜBUNG 5 **S. 54**

Quiet Party (engl.**:** „Stille Party"**):** Neuer Flirt-Trend **(**kommt aus den USA**)**. Party, bei der Reden und laute Musik **(**selbstverständlich auch Flüstern und Klatschen**) / –** selbstverständlich auch Flüstern und Klatschen **–** verboten sind und die Gäste sich mit **(**natürlich selbst geschriebenen**)** Zetteln verständigen. Zweck**:** Das Flirten wird erleichtert, da man nicht mehr gegen den Hintergrundlärm **(**normalerweise ohrenbetäubend**)** anschreien muss.

ÜBUNG 6 **S. 55**

Hier zählen nur deine eigenen Einfälle. Bestimmt hast du witzige Ideen gehabt. Achte besonders auf die richtige Schreibung nach dem Doppelpunkt.

ÜBUNG 7 **S. 55**

1. Viele Schüler haben – was ich gut verstehen kann! – die Arbeit geschwänzt.
2. Und die Note – ist das zu glauben? – zählt noch zur Gesamtnote.
3. Unser Lehrer behauptet – das ist unglaublich! –, er hätte genug mit uns geübt.
4. Ich werde mich beim Rektor – mit ihm kann man reden – beschweren.
5. Jetzt muss ich noch mit meinen Eltern – die werden es verstehen – reden.

Klassenarbeiten

AUFGABE 1 **S. 56**

Die Mutter macht ein entsetztes Gesicht, **nachdem** sie das Zeugnis ihrer Tochter gesehen hat. „Sonja, dein Zeugnis ist eine einzige Katastrophe. Was soll ich denn dazu sagen?" „Was du früher immer gesagt hast, **wenn** mir etwas Schlimmes passiert ist", schlägt ihre Tochter vor. **Als** die Mutter sich etwas beruhigt hat, fragt sie: „Was habe ich da gesagt?" „Hauptsache, du bist gesund, mein Kind, **weil** alles andere dagegen unwichtig ist."

AUFGABE 2 **S. 56**

Nachdem ich den 3. Star-Wars-Film im Kino gesehen habe, lassen mich die Gedanken an den Film nicht mehr los.
Obwohl Anakin Skywalker alles / viel besitzt, stellt er sich auf die Seite des Bösen.
Da er Anordnungen befolgen muss, tötet er fast alle Jedi-Ritter.
Seitdem er gegen seinen früheren Meister Obi-Wan gekämpft hat, trägt er eine Maske.
Weil sein Gesicht verbrannt ist, kann er ohne diese Maske nicht existieren.

AUFGABE 3 **S. 57**

1. Mario bemerkte, (HS) dass sein Bruder verschwunden war. (GS)
Frage: Was bemerkte er? **(Objektsatz)**

2. Er hoffte, (HS) dass nichts passiert war. (GS)
Frage: Was hoffte er? **(Objektsatz)**

3. Dass sein Bruder nicht mehr da war, (GS) hatte er erst sehr spät bemerkt. (HS)
Frage: Was nervte ihn? **(Subjektsatz)**

4. Nachdem Mario überall gesucht hatte, (GS) ging er zum Bademeister. (HS)
Frage: Wann ging er zum Bademeister? **(Adverbialsatz)**

5. Und was entdeckte er? (HS) Als er am Bademeisterhäuschen angekommen war, (GS) sah er seinen Bruder. (HS)
Frage: Wann sah er seinen Bruder? **(Adverbialsatz)**

6. Vergnügt erzählte dieser, (HS) dass er mit dem Bademeister eine Menge Spaß gehabt habe. (GS)
Frage: Was erzählte sein Bruder? **(Objektsatz)**

AUFGABE 4 **S. 57**

Lösungsvorschlag:
Peter – **ein dreizehnjähriger Junge aus Berlin** – kam neu in die Klasse. Er wurde von dem Klassenlehrer – **einem gutmütigen Mann namens Schulz** – vorgestellt. Eigentlich lief alles ganz gut, bis Mario – **der Fiesling der Klasse** – laut anfing zu lachen. Peter – **durch das Gelächter irritiert** – wurde unsicher und schaute an sich herunter. Da entdeckte er auf seiner Jacke – **sie war ganz neu** – eine dicke, fette Spinne. Ganz cool nahm er die Spinne in seine Hand und warf sie aus dem Fenster. Mario – **er hatte wohl eine andere Reaktion erwartet** – schaute ihn mit offenem Mund an. Peter grinste.

AUFGABE 5 **S. 58**

Neulich (ich glaube, es war vor etwa zwei Wochen) waren meine Freundin Tina und ich shoppen – natürlich in unserer Lieblingsstadt, wie immer. Es war ein schöner Tag; die Sonne schien und dennoch war es nicht zu heiß – genau das richtige Wetter für einen Stadtbummel. Und es wurde ein Glückstag für mich: Ich kaufte einen Rock und eine wunderschöne Halskette – beides im Sonderangebot. Und ich hatte noch Geld übrig, um Tina auf ein Eis einzuladen (natürlich bei unserem Lieblingsitaliener).
Doch als ich das Eis bezahlen wollte, bekam ich einen Schreck: Mein Geldbeutel war weg! Ich wühlte alle meine Taschen durch; er blieb verschwunden. Ich überlegte: Wann hatte ich den Geldbeutel das letzte Mal gehabt? Als ich meine Kette gekauft hatte! Es half nichts: Wir mussten den ganzen Weg zurückgehen.
Wir gingen also los (natürlich mit entsprechend schlechter Laune). Während des Gehens löste ich den Knoten meiner Weste, die ich mir um die Hüfte gebunden hatte, um sie anzuziehen, als plötzlich – ein dumpfes Geräusch erklang. Ich blieb stehen und schaute mich um: Mein Geldbeutel lag hinter mir auf dem Gehweg. Fragend schaute ich Tina – sie lief hinter mir – an. Sie lachte. „Dein Geldbeutel ist aus deiner Weste gefallen!“, erklärte sie mir. Ich schüttelte den Kopf: Dass ich daran nicht gedacht hatte! Wir hakten uns unter und gingen zurück zum Italiener – wo uns ein leckeres Eis erwartete.

AUFGABE 6 **S. 59**

1. Es freut mich, dass du gestern doch noch gekommen bist.
2. Wenn du nämlich nicht gekommen wärst, hätten wir den Film nicht zusammen anschauen können.
3. So aber bin ich sehr zufrieden damit, dass wir einen angenehmen Abend miteinander verbracht haben.

AUFGABE 7 **S. 59**

1. Was freut mich? – Subjektsatz
2. Unter welcher Bedingung hatten wir den Film nicht zusammen anschauen können? – Adverbialsatz
3. Womit bin ich zufrieden? – Objektsatz

AUFGABE 8 **S. 59**

Seit Wochen schon freute sie sich. Endlich war der Abend, den sie so sehr herbeigewünscht hatte, da. Sie war eine der wenigen aus ihrer Klasse, die Karten für das Konzert heute Abend ergattert hatten. Ihre Freundinnen, von denen die meisten zu Hause bleiben mussten, beneideten sie sehr. Nur ihre beste Freundin hatte ebenfalls Glück gehabt und eine Karte von ihrem Vater, dessen Firma häufig Freikarten erhielt, geschenkt bekommen. Sie trafen sich schon am Nachmittag und suchten aus ihren Kleidern, die wild auf dem Bett herumlagen, die coolsten aus. Der Abend wurde ein Traum, der sie auch Tage später noch wie auf Wolken schweben ließ.

AUFGABE 9 **S. 59**

1. Das Kind erzählt seiner Mutter: „Heute ist ein Neuer in die Klasse gekommen.“
2. Folgende Zutaten sollte man im Haus haben: mehrere Eier, Mehl und Salz.
3. Goethe schreibt: „Edel sei der Mensch, hilfreich und gut.“
4. Wie man es auch dreht und wendet: Er würde auf jeden Fall zu spät kommen.

AUFGABE 10 **S. 60**

1. In den Ferien fuhren wir – **wie jedes Jahr** – in die Berge.
2. Einige Bergtouren machten wir – **wer hätte das gedacht?** – bereits zum vierten Mal. (Klammern sind ebenfalls möglich.)
3. Jedes Jahr suchten wir uns aber auch aus unserem Wanderführer **(er hatte uns schon oft gute Dienste geleistet)** eine neue Tour heraus. (Gedankenstriche sind ebenfalls möglich.)
4. Im nächsten Jahr möchten wir wieder verreisen – **ans Meer.**

AUFGABE 11 **S. 60**

Lösungsvorschlag:
Nach der Schule rannte ich schnell nach Hause; ich hatte es eilig. Meine Lieblingstante – die Schwester meiner Mutter – wollte uns heute besuchen und ich wusste: Meistens kam sie schon vormittags und würde auf mich warten.

Kaum war ich durch die Wohnungstür getreten, erschien sie im Türrahmen – lächelnd wie immer. Sie fragte mich – es interessierte sie wirklich –, wie es mir ginge und was die Schule mache. (Sie selbst hatte die Schule gehasst.) Bei mir lag die Sache so: Meistens ging ich gerne in die Schule – wenn nicht gerade eine Mathearbeit geschrieben wurde oder (noch schlimmer) Zirkeltraining anstand. Aber heute war es ein guter Tag gewesen; die Lehrer hatten uns noch nicht einmal Hausaufgaben aufgegeben. So hatten wir den ganzen Nachmittag Zeit. (Sie wollte erst nach dem Abendessen wieder fahren.) Wir beschlossen – das Wetter war sonnig – in den Zoo zu gehen. Dort hatten wir einen Lieblingsplatz: eine Bank unter einem großen Baum – gegenüber vom Affenfelsen. Stundenlang konnten wir dort sitzen, den Affen zuschauen und uns über Gott und die Welt unterhalten. Ich erzählte ihr fast alles – niemand konnte so gut zuhören wie sie. Heute aber gab es keine Probleme zu bereden; es lief gut in letzter Zeit. Ich hatte keine Arbeit verhauen und meine Eltern ließen mir genügend Freiraum: Ich durfte samstags sogar bis 22 Uhr in die Disco. So verbrachten meine Tante und ich – in der Sonne und mit einem großen Eis – einen entspannten Spätsommertag miteinander.

5 Sprechen und Schreiben

ÜBUNG 1 **S. 62**
Hier zählt nur deine eigene Meinung.

ÜBUNG 2 **S. 62**
Argumente: Schuluniformen verringern das Konkurrenzdenken unter den Schülern. – Durch die Einführung von Schuluniformen werden die finanziellen Belastungen in einem Schuljahr reduziert. – Schuluniformen verdecken nur soziale Unterschiede und können unterschiedliche Lernvoraussetzungen nicht beseitigen. – Die Identifikation mit der Schule wird gestärkt.
Beispiele: Manche Schüler in meiner Klasse werden ausgegrenzt, weil sie keine Markenjeans tragen. – In England hat das Tragen von Schuluniformen zu einer Nivellierung des Gegensatzes von arm und reich geführt. – Die Eltern müssen Schulmaterialien und Bücher kaufen, in die Klassenkasse einzahlen sowie Klassenfahrten oder Wandertage finanzieren.

ÜBUNG 3 **S. 63**
Lösungsvorschlag:
Schwache Argumente:
Hobbys vertreiben die Langeweile.
Hobbys lenken vom Alltag ab.
Wichtige Argumente:
Hobbys schaffen Einblicke in verschiedene Lebensbereiche.
Durch Ausüben von Hobbys lernt man Gleichgesinnte kennen.
Die wichtigsten Argumente:
Das Ausüben von Hobbys kann die Gesundheit fördern.
Hobbys können Erfolgserlebnisse schaffen.

ÜBUNG 4 **S. 63**
Lösungsvorschlag (Argument – Beispiel):
Hobbys lenken vom Alltag ab. – Indem man sich auf eine Sache konzentriert, vergisst man alles andere um sich herum.
Hobbys vertreiben die Langeweile. – Nach den Hausaufgaben stellt sich nicht mehr die Frage, was man nun tun kann, da man sich mit seinem Hobby beschäftigt.
Das Ausüben von Hobbys kann die Gesundheit fördern. – Das regelmäßige Treiben von Sport stärkt das Immunsystem und verringert die Krankheitsanfälligkeit.
Hobbys schaffen Einblicke in verschiedene Lebensbereiche. – Durch das Halten und Züchten beispielsweise von Reptilien lernt man eine Menge über diese Tiere.
Hobbys können Erfolgserlebnisse schaffen. – Das Gewinnen eines Wettkampfes oder erfolgreiche Züchten eines Tieres schafft Erfolgserlebnisse und stärkt das Selbstwertgefühl.
Durch das Ausüben von Hobbys lernt man Gleichgesinnte kennen. – Im Verein kommt man mit Menschen in Berührung, die dieselben Interessen haben. Oft werden auch Hüttenwochenenden oder Ausflüge organisiert.

ÜBUNG 5 **S. 65**

These: Essen während des Fernsehens führt zu unkontrollierter Nahrungsaufnahme. – Der Mensch kann sich nicht auf mehrere Dinge gleichzeitig konzentrieren. – Wer in ein Filmgeschehen eintaucht, merkt nicht mehr, wann er satt ist.

Begründung: Das Sitzen vor dem Fernseher verbraucht kaum Energie. – Der Energieverbrauch des Körpers ist bei sportlicher Betätigung um ein Mehrfaches höher als in Ruhehaltung. – Der Körper verbrennt beim Sitzen vor dem Fernseher in zwei Stunden etwa 150 Kalorien. Bei nur einer halben Stunde Joggen wären es schon 300 Kalorien.

Beispiel: Die typischen Fernsehknabbereien sind sehr kalorienreich. – Vor dem Fernseher nimmt man meist spezielle Nahrung zu sich. – Oft werden Erdnüsse, Chips, Popcorn und Schokolade gegessen.

ÜBUNG 6 **S. 65**

Lösungsvorschlag:

1. Die Mobilfunkanbieter überbieten sich gegenseitig mit den günstigsten Angeboten. Für jeden Handynutzer ist etwas dabei: Für Vieltelefonierer ist die Grundgebühr teurer und die Einheiten sind günstiger, für Menschen, die wenig telefonieren, ist es umgekehrt, es gibt Partnertarife, bestimmte Telefonnummern können günstiger angewählt werden, geringere SMS-Kosten, Flatrates und vieles mehr.

2. In dieser schnelllebigen Zeit kann man es sich, wenn man „up to date“ sein möchte, fast nicht mehr leisten, nur noch sporadisch erreichbar zu sein. Die Menschen leben im „Hier und Jetzt“, immer versorgt mit den neuesten Informationen. Dies funktioniert nur, wenn man diese Informationen sofort erhalten kann. Auch beruflich ist es ein Vorteil, immer erreichbar zu sein: Probleme können sofort geklärt und Termine gleich festgesetzt werden.

ÜBUNG 7 **S. 66**

Lösungsvorschlag:

Auch der schlechte Einfluss von Freunden kann dazu führen, dass Jugendliche Drogen nehmen. – Außerdem kann man noch feststellen, dass Jugendliche versuchen, vorhandene Komplexe durch Drogenkonsum zu kompensieren. – In diesem Fall wären auch noch die schwierigen Familienverhältnisse zu erwähnen, eine weitere Ursache des Drogenkonsums. – Dasselbe gilt für Misserfolg in der Schule. – Weiterhin können Probleme im Freundeskreis eine große Rolle spielen. – Man muss auch bedenken, dass die Neugierde Jugendliche dazu bringen kann, Drogen auszuprobieren.

ÜBUNG 8 **S. 69**

1. Hier wird nach der **persönlichen Meinung** gefragt („du“). Es geht dabei um den Sinn täglicher Hausaufgaben.

2. Diese Frage ist auf **Deutschland** begrenzt. Man soll überlegen, aus welchen **Gründen** sich immer mehr Menschen zu rechtsradikalen Gruppierungen zusammenfinden.

3. Öffentliche Verkehrsmittel sind in erster Linie: Bus, Straßenbahn, U-Bahn, Eisenbahn. Die Benutzung der öffentlichen Verkehrsmittel hat natürlich Vor- und Nachteile. Hier ist aber nur nach den **Vorteilen** gefragt.

ÜBUNG 9 **S. 69**

Lösungsvorschlag:

fahren bei jedem Wetter – Fahrten ins Zentrum der Stadt – Schlafen im Schlafwagen – weniger Lärmbelästigung – keine Pannen – rechtzeitig am Arbeitsplatz / in der Schule – Fahrt nutzen zum Lesen / Unterhalten – günstiger als Kauf eines Mofas / Autos

ÜBUNG 10 **S. 70**

Lösungsvorschlag (Argument – Begründung – Beispiel):

1. Öffentliche Verkehrsmittel fahren mitten ins Stadtzentrum. Man kommt bequem in das Herz der Stadt, ohne Staus, Ärger und Parkplatzprobleme. Samstagmorgens ist das Stadtzentrum so voll, dass man sehr viel Zeit braucht, um hineinzugelangen. In manchen Städten darf man überhaupt nicht mit dem Auto in das Zentrum fahren.

2. Man kann seine Zeit in den öffentlichen Verkehrsmitteln sinnvoll nutzen. Man kann lesen oder sich unterhalten. Morgens sieht man viele Zeitungsleser, die sich so schon früh über das

Wichtigste informieren. Man kann auch nochmals für die Schule lernen.

3. Das Fahren mit öffentlichen Verkehrsmitteln schont die Umwelt. Öffentliche Verkehrsmittel sind energiesparend und transportieren viele Personen. Mit einer Fahrt ins Stadtzentrum befördern Busse und Straßenbahnen etwa 20 bis 30 Menschen. Im Auto sitzen höchstens fünf, und das sehr selten.

4. Parkplatzsorgen fallen weg. Man muss keinen Parkplatz suchen, sondern kann bequem aussteigen, wo man möchte. In den meisten Innenstädten sind Parkplätze rar und teuer.

5. Man umgeht Staus und spart Zeit und Ärger. Öffentliche Verkehrsmittel haben freie Bahn (auch Busse haben oft eigene Fahrbahnspuren); vor allem zu Stoßzeiten herrscht Verkehrschaos in Städten.

6. Auch bei schlechtem Wetter (Glatteis) kommt man pünktlich zur Schule. Schienen und Fahrbahnspuren für Busse werden zuerst geräumt. Man muss keine Angst haben, zu spät zu kommen, und, um sicherzugehen, höchstens eine Bahn früher nehmen und nicht wie mit dem Auto eine Stunde früher losfahren.

Weiteres mögliches Argument:
Fährt man mit öffentlichen Verkehrsmitteln in Urlaub, beginnt dieser stressfrei. Bei Nachtfahrten kann man im Schlafwagen übernachten und kommt am nächsten Tag erholt am Urlaubsort an. Im Speisewagen bekommt man warmes und kaltes Essen sowie Getränke.

Diese beiden Argumente sind unsinnig und müssen durchgestrichen werden:
~~Man muss einfach mit öffentlichen Verkehrsmitteln fahren.~~
~~Heutzutage fahren viele Menschen mit öffentlichen Verkehrsmitteln.~~

ÜBUNG 11 S. 71

Zusammenfassend lässt sich sagen, dass das Benutzen öffentlicher Verkehrsmittel viele Vorteile bietet. – So kann der Schüler oder Arbeitnehmer sicher sein, morgens pünktlich und ohne Staus, Parkplatzprobleme oder Reifenpannen in der Schule oder am Arbeitsplatz zu erscheinen. – Außerdem trägt man als Fahrgast keine Verantwortung im Verkehrsgeschehen, und das kann jede Menge Ärger vermeiden. – Öffentliche Verkehrsmittel sorgen zudem für Entspannung, indem man sich unterhalten oder ein Buch lesen kann. – Nicht vergessen werden darf auch der Aspekt der Umweltfreundlichkeit: Mit öffentlichen Verkehrsmitteln werden viele Personen energiesparend befördert. – Ich persönlich bin der Meinung, dass man aus den angeführten Gründen die öffentlichen Verkehrsmittel, sooft es geht, nutzen sollte. – Und wenn man nicht gerade einen Freund besuchen möchte, der weit außerhalb wohnt und mit öffentlichen Verkehrsmitteln nur sehr umständlich zu erreichen ist, sollte man sich für den Bus, die Straßenbahn oder den Zug entscheiden. – Da das Mofa- und Autofahren aufgrund der steigenden Benzinpreise immer teurer wird, bin ich der Überzeugung, dass in Zukunft immer mehr Menschen auf die öffentlichen Verkehrsmittel umsteigen werden. – Denn: „Die Bahn kommt!“

ÜBUNG 12 S. 72

1. Argumente
2. Notizen
3. Gliederung
4. stärksten
5. Schluss
6. Einleitung
7. Einführung.

Lösungswort: Meinung

ÜBUNG 13 S. 72

Das Lösungswort „Meinung“ ist besonders für den Schluss wichtig. Hier wiederhole ich meine wichtigsten Argumente kurz und stelle meine persönliche Meinung dar.

ÜBUNG 14 S. 74

Hier solltest du markiert haben, was in Übung 15 im Protokoll eingetragen ist.

ÜBUNG 15 **S. 75**

Protokoll
Ort: (eigene Schule), Klasse 8
am: (eigenes Datum)
von: (eigene Uhrzeit) **bis:** (eigene Uhrzeit)
Anlass: Klassengespräch zum Jahresausflug
Beteiligte Personen: alle Schüler der Klasse 8, außer (vier eigene Namen); alle entschuldigt
Protokollführer/-in: (dein Name)
Marc möchte klettern gehen. Er meint, dieses Jahr sollte etwas für die Jungs unternommen werden.
Julia ist dagegen, Sport zu machen. Sie schlägt etwas Gemütliches vor, z. B. grillen.
Anja schlägt vor, einen Kompromiss zu finden.
Timo hat die Idee, mit dem Rad zur Waldhütte zu fahren und dort zu grillen.
Da es keine weiteren Wortmeldungen mehr gibt, wird abgestimmt.
Ergebnis / Beschluss: Die Klasse fährt mit dem Fahrrad zur Waldhütte. Dort wird gegrillt.
Unterschrift Protokollführer/-in: (deine Unterschrift)

ÜBUNG 16 **S. 78**

Medien sind Einrichtungen, organisatorische und technische Apparate für die Vermittlung von Meinungen, Informationen oder Kulturgütern (vgl. Duden – Fremdwörterbuch).
Zu den Massenmedien gehören Film, Funk, Fernsehen, Presse. Medien in Zusammenhang mit Mediensucht sind v. a.: Handy, Internet, Fernsehen / Video, Konsolenspiele, Computerspiele.
Sucht ist das maßlos oder krankhaft übersteigerte Verlangen nach etwas bzw. die krankhafte Abhängigkeit von einem bestimmten Genuss- oder Rauschmittel.
Hier findest du **Informationen:** Bibliothek, Internet, Eltern, Freunde, Lehrer, evtl. Fernsehen (Fernsehprogramm durchschauen).

ÜBUNG 17 **S. 78**

Folgende Textstellen solltest du auf jeden Fall unterstrichen haben:
Spielsucht: stoffgebundene Süchte – stoffungebundene Süchte
Internationale Studien: 6 % onlinesüchtig
Woran merkst du, dass du spielsüchtig bist?: an nichts anderes denken – Sehnsucht nach den beiden Geräten – täglich mehr als eine Stunde
Was können Eltern tun, wenn sie spielsüchtige Kinder haben?: reden – Freizeitaktivitäten – bestimmte Zeit – entfernen – Therapeuten
Was versteht man unter „Sucht"?: Verlangen nach einem bestimmten Stoff – Verhalten – jedes menschliche Verhalten – rauschähnlicher Zustand

ÜBUNG 18 **S. 80**

3. Stoffgebundene und stoffungebundene Süchte
4. Mediensucht: Was sind Medien?
5. Mediensucht: Statistik
6. Merkmale von Mediensucht
7. Hilfen für Mediensüchtige

ÜBUNG 19 **S. 80**

Unpassende Ideen: Galgenmännchen spielen. – Den Lehrer fragen, was er zu dem Thema sagen kann. – Einen Filmausschnitt, in dem ein Heroinabhängiger gezeigt wird, vorführen.
Weitere Einstiegsmöglichkeiten: Bericht eines Mediensüchtigen vorlesen. – Ein Gedicht zum Thema Sucht vorlesen.

ÜBUNG 20 **S. 81**

Land	Einwohner gesamt	Internet-nutzer in Prozent	Internet-nutzer in Millionen
Deutschland	81,7 Mio.	82,3 %	67,3
Belgien	11 Mio.	77,3 %	8,5
Großbritannien	62,4 Mio.	84,4 %	52,7
Spanien	46,1 Mio.	66,4 %	30,6
Italien	60,6 Mio.	53,7 %	35,8

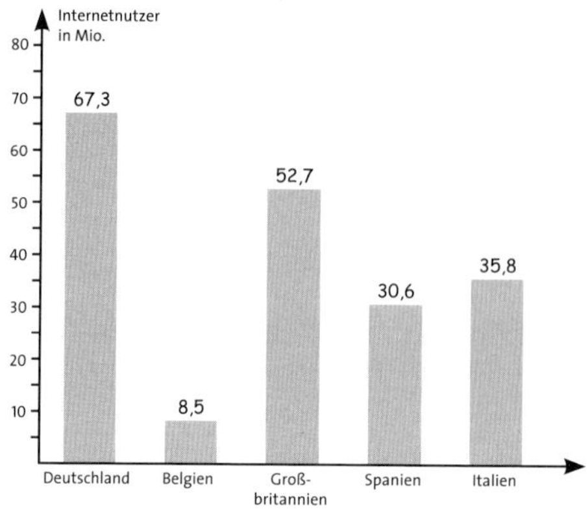

Klassenarbeiten

AUFGABE 1 S. 82
These – Argument – Beispiel – Überleitung

AUFGABE 2 S. 82
Lösungsvorschlag:
außerdem – desgleichen – deswegen – weil – daher – weiterhin

AUFGABE 3 S. 82
Lösungsvorschlag:
Ich finde, die Schule sollte nicht auf Noten verzichten. **Würde sie nämlich auf Noten verzichten,** würden die Schüler nichts mehr lernen. Ich kann das von mir **mit Bestimmtheit** sagen. ... Doch ohne den Druck, es wird eine Arbeit geschrieben, für die ich Noten bekomme, **habe ich keine Motivation, etwas zu tun.** ... Dann würde ich mich fragen, **wieso ich in diesem Fall überhaupt lernen sollte.** Doch dies ist nicht der einzige Grund, **weshalb ich für Noten in der Schule plädiere.** Denn **weiterhin muss man auch bedenken,** dass die Lehrer ohne Noten nicht wüssten ...

AUFGABE 4 S. 83
1. Ergebnisprotokoll
2. Versuchsprotokoll
3. Verlaufsprotokoll

AUFGABE 5 S. 83
Vorbereitung: Thema erfassen, Informationen sammeln, Material ordnen und auswerten
Ausarbeitung: Stichwortzettel schreiben, Vortrag ausarbeiten, Referat ausformulieren, Spickzettel, Thesenpapier / Arbeitsblatt
Vortrag halten: technische Geräte überprüfen, deutlich sprechen

6 Umgang mit Texten: Textgattungen

ÜBUNG 1 S. 86
Exposition: Zeilen 1 bis 16
Hinführung zum Höhe- und Wendepunkt: Zeilen 17 bis 40
Höhe- und Wendepunkt: Zeilen 40 bis 78
Abfall des Höhepunktes: Zeilen 78 bis 86
Ausklang: Zeilen 86 bis 90

ÜBUNG 2 S. 88
1. Der Marchese ist hartherzig und kennt kein Mitleid.
2. Die Marquise wird als herzlich und mitfühlend dargestellt.
3. Die „unerhörte Begebenheit" besteht darin, dass eine alte, kranke Frau durch die Unbarmherzigkeit des Marchese ums Leben gekommen war.
4. Der Handlungsverlauf führt geradewegs auf den Tod des Marchese hin.
5. Die Macht des Spuks wird durch die viermalige Wiederholung des Ausgangsgeschehens besonders deutlich. (Der Spuk pflanzt sich fort: florentinischer Ritter → Marchese / Marquise → Marchese / Marquise / Diener → Marchese / Marquise / Hund.)

ÜBUNG 3 S. 89
Die Vorgeschichte könnte von Stefans Satz handeln, den die Hauptperson erwähnt. Er war wohl nicht ganz eindeutig, denn die Hauptperson denkt stark über ihn nach. Was könnte er gesagt haben?
Es gibt aber auch noch viele andere Lösungen. Hier zählt nur deine eigene Idee.

ÜBUNG 4 S. 89

Bei diesen Sätzen solltest du „Ja“ angekreuzt haben:
Der Sprachstil ist einfach.
Es wird Alltagssprache verwendet.
Der Schluss ist offen.
Die Zeitdauer der Handlung ist kurz.

ÜBUNG 5 S. 89

Die Kurzgeschichte „Unterrichtsstunde“ wird aus der Perspektive einer **Icherzählerin** erzählt. Das Erzählverhalten ist **personal** (aus der Sicht einer beteiligten Figur).

ÜBUNG 6 S. 90

Die Absätze stehen in der Reihenfolge:
2 – 4 – 5 – 1 – 3 – 6

ÜBUNG 7 S. 90

Lösungsvorschlag:
Am tatsächlichen Ende der Geschichte bezahlt der Herr den Lehrjungen und fragt ihn, woher er den Mut genommen habe. Dieser aber macht ihm klar, dass er ihm einfach die Kehle durchgeschnitten hätte. Da wird dem Herrn erst bewusst, in welcher Todesgefahr er selbst geschwebt hatte durch seine Drohung. Er schenkt dem Burschen noch einen Kronentaler extra. Seitdem hat er zu keinem Barbier mehr gesagt: „Ich steche dich tot, wenn du mich schneidest!“
Sicher hast du auch einen guten Schluss geschrieben!

ÜBUNG 8 S. 92

Einzufügen in dieser Reihenfolge:
Kind – Arm – nicht – Nebelstreif – dir – Strand – verspricht – Wind – gehn – Ort – grau – Gestalt – geschwind – tot

ÜBUNG 9 S. 93

Reimschema: Paarreim

ÜBUNG 10 S. 94

Sah ein Knab ein Röslein stehn,
x́ x x́ x x́ x x́
Röslein auf der Heiden,
x́ x x́ x x́ x
War so jung und morgenschön,
x́ x x́ x x́ x x́
Lief er schnell, es nah zu sehn
x́ x x́ x x́ x x́

ÜBUNG 11 S. 94

Versfuß: Trochäus

ÜBUNG 12 S. 96

1. Akt – Einführung / Exposition: Auf dem Schloss von Moor lebt der regierende Graf ...
2. Akt – steigende Handlung / Komplikation: Franz lässt seinem Vater durch einen Boten die Nachricht überbringen ...
3. Akt – Höhepunkt / Wendepunkt: Zur selben Zeit hilft Räuber Karl den Unterdrückten ...
4. Akt – fallende Handlung: Verkleidet isst Karl mit Amalia und seinem Bruder zu Abend ...
5. Akt – Katastrophe: Franz hat einen schrecklichen Traum vom Jüngsten Gericht ...

ÜBUNG 13 S. 97

Spieler: Haus Montague
Gegenspieler: Haus Capulet
Begründung: Man kann an der Gestaltung des Programmhefts Spieler und Gegenspieler auf den ersten Blick ersehen: Sie stehen sich gegenüber. Außerdem gibt es noch die Erklärung „zwei verfeindete Häuser“.

ÜBUNG 14 S. 98

Lösung: Warten auf Godot
1. William
2. Schiller
3. Tragoedie
4. Komoedie
5. Einfuehrung
6. Konflikt
7. Maximilian
8. Spannung

Klassenarbeiten

AUFGABE 1 **S. 99**

Epik: Kalendergeschichte, Kurzgeschichte, Novelle
Lyrik: Ballade, Vers, Reim, Metrum, Strophe
Dramatik: Akt, Tragödie, Komödie, Szenen

AUFGABE 2 **S. 99**

Die Novelle (ital.: **kleine Neuigkeit**) ist eine Erzählung in Prosaform mit **kürzerem** bis **mittlerem** Umfang. Gegenstand der Erzählung ist „eine **sich ereignete, unerhörte Begebenheit**" (nach Goethe), also ein neues bzw. außergewöhnliches Ereignis, in dessen Zentrum meist ein **Konflikt** steht. Der Handlungsablauf ist geradlinig und zielgerichtet. Typisch für die Novelle ist, dass es nur **einen** Handlungsstrang gibt, der sich um ein einziges **Problem** dreht. Dies engt die Rolle des Erzählers ein: Er kann nicht abschweifen, sondern muss **pointiert** erzählen.

AUFGABE 3 **S. 99**

Reime: Löwengarten / erwarten – Franz / Kranz – Krone / Balkone
Reimschema: Schweifreim

AUFGABE 4 **S. 100**

bitten Hamsterrad Küchenuhr
x́ x x́ x x x́ x x
Erwartung
x x́ x

AUFGABE 5 **S. 100**

Der Frühling kehrt wieder, es tönen die Lieder,
x x́ x x x́ x x x́ x x x́ x
die Schule ist bald aus, dann gehen wir schnell
x x́ x x x́ x x x́ x x x́
raus.
x

AUFGABE 6 **S. 100**

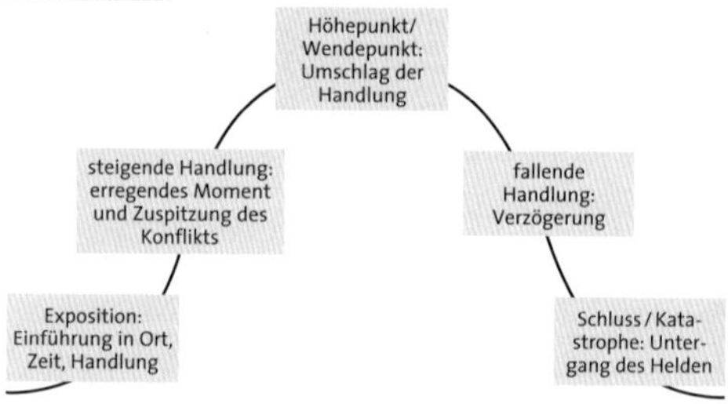

AUFGABE 7 **S. 100**

Der Arbeitstisch des Prinzen ist überhäuft mit Briefen und Papieren, er hat somit viel Arbeit zu erledigen. Er kommt seinen Aufgaben als Prinz jedoch nicht nach, er liest z. B. keinen einzigen Brief, sondern klagt nur. Sein Klagen wird durch die Ausrufezeichen besonders deutlich. Die Verwendung der Gedankenstriche kennzeichnen die fehlende Konzentration des Prinzen. Seine Aufmerksamkeit wird jedoch erregt, als er den Namen Emilia liest.

AUFGABE 8 **S. 101**

ursprünglich mündlicher Vortrag von Balladen – Thema der Ballade: prägnanter Gegenstand oder bedeutsame Figuren – Verwendung aller drei poetischen Gattungen mit dem Ziel größtmöglicher Wirkung – Formen der Gattungen frei kombinierbar – Ballade als Ur-Ei

AUFGABE 9 **S. 101**

Epik:
1. John Maynard
2. Erzähler, Erzählerkommentare, Beschreibung
Lyrik:
3. Reimschema: Paarreim – Ausnahmen bilden erster und letzter Vers der ersten Strophe (Frage-Antwort-Situation)
Reim: Stabreime / Alliterationen wie „frei und froh"; unreine Reime / Assonanzen wie „Qualm und Brand"
Versmaß: meist Jambus
Anapher: „Er hat ... Er trägt ... Er starb"
Parallelismus: „Alle Herzen sind froh, alle Herzen sind frei"

Metapher: „‚Schwalbe' fliegt über den Eriesee"
Vergleich: „Gischt schäumt ... wie Flocken von Schnee"

Dramatik

4. Heldentum John Maynards („er trägt die Kron"), der als Steuermann der „Schwalbe" die Passagiere rettet und selbst hierfür in den Tod geht; Nähe zum Leser, da John Maynards Heldentum in ein Arbeitsverhältnis eingebettet ist und somit ein direkter Bezug zum Alltag besteht

5. Unglück durch Ausbruch des Feuers; Gegenwartsnähe: geretteter Passagier beantwortet einem Zeitgenossen dessen Eingangsfrage; Einheit des Ortes: Eriesee mit dem Ziel Buffalo; Zeitangaben wie „Noch dreißig Minuten ... Halbe Stund", „Und noch zwanzig Minuten ..."; Dialoge zwischen Passagieren und John Maynard; Ausruf „Feuer"

AUFGABE 10 **S. 102**

1. Ein Geschäftsmann berichtet über seine augenblickliche Lage.

2. Positive Merkmale: Geschäft ganz auf seinen Schultern (selbstbestimmt); Büroausstattung mit Personal; Geschäftsabläufe einfach zu überblicken, leicht zu führen; jung und viele Möglichkeiten in der Zukunft
Negative Merkmale: Geschäft ruht ganz auf seinen Schultern (ausschließliche Verantwortung); Büroausstattung „das ist mein ganzer Arbeitsapparat" nicht ausreichend; „die Geschäfte rollen vor mir her"

3. Indirekt beschwörendes Klagen gerade durch die verdoppelte Negation „Ich klage <u>nicht</u>, ich klage <u>nicht</u>."

4. Im Gegensatz zum Icherzähler, der zögerlich und wenig entscheidungsfreudig erscheint, hat der Nachbar die Wohnung „frischweg gemietet".

Lösungsvorschlag für die kurze Analyse:
In Kafkas kurzer Erzählung „Der Nachbar" berichtet ein Geschäftsmann aus der Perspektive eines Icherzählers über seine augenblickliche Situation. In einem sachlichen Ton gibt er realistisch erscheinende und durchaus positiv zu wertende Einblicke in seine allerdings beschränkte Alltagswelt. Diese Hinweise etwa zu seiner uneingeschränkten Verantwortung oder Jugendlichkeit werden zugleich immer wieder durch verdächtig wirkende Wendungen unterbrochen: Die Geschäfte sind nicht nur leicht zu überblicken, nein, sie sind sogar „so einfach", „so leicht". Dieses Durchbrechen der scheinbar sachlichen Darstellung gipfelt in der Schlusswendung des ersten Abschnitts: „Ich klage nicht, ich klage nicht." Die Verhaltensweise des neu eingezogenen Nachbarn, dessen Entscheidungsfreudigkeit, wirkt im Vergleich zum Verhalten des Icherzählers bedrohlich für ihn.

7 Umgang mit Texten: Textuntersuchung

ÜBUNG 1 **S. 104**

Bibliothek ist die Bezeichnung für eine **Sammlung** von Büchern und anderen Medien ... Es gibt **private** Bibliotheken ... sowie **staatliche** oder kommunale Bibliotheken wie Landes- und Stadtbibliotheken oder Universitätsbibliotheken und **öffentliche** Büchereien. Die meisten Bibliotheken sind **Ausleihbibliotheken** ... In der **Präsenzbibliothek** stehen hingegen wertvolle Bücher ... Mit dem Begriff **virtuelle** Bibliothek ist die Übertragung auf elektronische Medien gemeint ...

ÜBUNG 2 **S. 104**

Diese Wörter solltest du markiert haben:
Antike – mittelalterlichen – 13. Jahrhundert

ÜBUNG 3 **S. 105**

Einfügung in dieser Reihenfolge:
Erfindung des Buchdrucks – Entstehung neuer Berufe – Einführung von Honorarzahlungen

ÜBUNG 4 **S. 105**

Lösungsvorschlag:
Die Struktur des Buchhandels
Das Verlagsprogramm
Das Manuskript

ÜBUNG 5 **S. 106**
Lösungsvorschlag:
Zeile 1–4: Wandel der Kommunikationsformen
Zeile 4–9: Trommeln, Bilder und Wachstafeln
Zeile 9–16: Die Briefkultur
Zeile 16–23: Erfindung des Telefons

ÜBUNG 6 **S. 106**
Wandel der Kommunikationsformen: Schon immer versuchten Menschen sich auszutauschen, doch im Laufe der Zeit wandelten sich die Möglichkeiten hierzu.
Trommeln, Bilder und Wachstafeln: Die Naturvölker verwendeten Bilder, die durch Boten überbracht wurden, oder Trommelschläge. Andere Völker benutzten bereits Schriftzeichen, die in Wachstafeln eingeritzt wurden.
Die Briefkultur: Das Lesen und Schreiben verbreitete sich bei uns gegen Ende des Mittelalters. Das Papier wurde erstmals 1380 in Deutschland produziert. Nun konnten Briefe geschrieben werden; dies war vor allem im 18. Jahrhundert weit verbreitet.
Erfindung des Telefons: Der Brief bekam erst durch das Telefon Konkurrenz. Erfunden im 19. Jahrhundert, wurde es aber erst im 20. Jahrhundert zu einem alltäglichen Kommunikationsmittel.

ÜBUNG 7 **S. 108**
Äußere Merkmale: besonderes Styling – Norwegerin – hellblaue Augen – lange blonde Haare – Sängerin und Schauspielerin
Innere Merkmale: ehrgeizig – Perfektionistin – vielseitig begabt – Durchhaltevermögen

ÜBUNG 8 **S. 109**
Diese Wörter könntest du nachgeschlagen haben:
Pesel: Wohnstube (in Bauernhäusern)
Repositorien: Schränke für Ordner (veraltet)
Sammetkissen: Samtkissen

ÜBUNG 9 **S. 109**
Diese Wörter solltest du markiert haben:
alter, wohlgekleideter Mann – Schnallenschuhe, die einer vorübergegangenen Mode angehörten, waren bestäubt – langen Rohrstock mit goldenem Knopf trug er unter dem Arm – dunkeln Augen – schneeweißen Haaren – sah er ruhig umher – Er schien fast ein Fremder – von den Vorübergehenden grüßten ihn nur wenige – mancher unwillkürlich in diese ernsten Augen zu sehen gezwungen wurde – „Noch kein Licht!“ – etwas südlichen Akzent – Haushälterin – Bücherschränken – aufgeschlagene Bücher – gefalteten Händen von seinem Spaziergange auszuruhen – „Elisabeth!“ – und wie er das Wort gesprochen, war die Zeit verwandelt – er war in seiner Jugend.

ÜBUNG 10 **S. 110**
Äußere Merkmale: alt – wohlgekleidet – staubige Schnallenschuhe der letzten Mode – langer Rohrstock mit goldenem Knopf unter dem Arm – schneeweiße Haare – dunkle Augen – ruhiger Blick – wirkt wie ein Fremder – südlicher Akzent – ruht sich nach Spaziergängen aus und benötigt Dunkelheit
Innere Merkmale: kennt nicht viele Menschen in seiner Stadt – zieht Aufmerksamkeit auf sich: Mancher sieht sich gezwungen, in seine ernsten Augen zu sehen – hat eine Haushälterin – hat viele Bücher, die auch aufgeschlagen im Zimmer liegen → liest viel → ein Gelehrter? – der Name Elisabeth versetzt ihn in seine Jugend zurück

ÜBUNG 11 **S. 110**
Lösungsvorschlag:
Am Anfang der Erzählung „Immensee“ von Theodor Storm wird das äußere Erscheinungsbild des Alten beschrieben: ein alter, wohl gekleideter Mann mit dunklen Augen und schneeweißen Haaren. Zum Spazierengehen trägt er altmodische Schnallenschuhe und hält einen langen Rohrstock mit goldenem Knopf unter dem Arm. Seine Kleidung wirkt etwas fremd in der damaligen Zeit und der Stadt, und genauso fühlt er sich wohl auch: „Er schien fast ein Fremder“. Seine Augen blicken ruhig und ernst umher, sodass sich manch ein Passant gezwungen fühlt, ihn anzusehen. Wenig später erfährt man, dass er mit leicht südlichem Akzent spricht.
Der Mann beschäftigt eine Haushälterin – das Haus in der Stadt scheint ihm zu gehören. Er benötigt Ruhe sowie Dunkelheit und zieht

sich nach seinem Spaziergang in sein Zimmer zurück. In diesem finden sich viele Bücher, einige davon auch aufgeschlagen. Man kann daraus schließen, dass er viel liest. Vielleicht ist er ein Gelehrter, der sich zur Ruhe gesetzt hat? Seine Augen wandern durch das Zimmer und bleiben an einem Bild hängen. Der Name Elisabeth, den er leise ausspricht, versetzt ihn in seine Jugend zurück.

ÜBUNG 12 S. 113

Diese Aussagen treffen zu (deine Belege können auch andere Textstellen sein):

1. Der Autor beschreibt aus der **Er- / Sie-Perspektive. Begründung:** „Bald trat die anmutige Gestalt eines kleines Mädchens **zu ihm.**"

2. Das Erzählverhalten ist **neutral.**
Begründung: „Reinhard stellte die Rechentafel, die er schon unterm Arm hatte, flink hinter die Haustür ..." (keine Aussage, ob er sich beispielsweise freut, auch kein Kommentar seitens des Erzählers)

3. Es herrscht ein **objektiver, sachlicher** Sprachstil vor. **Begründung:** „Nun ging er gleich an die Arbeit; Nägel, Hammer und die nötigen Bretter lagen schon bereit ..." (Erzähler beschreibt objektiv und sachlich, ohne Gefühlsregungen)

ÜBUNG 13 S. 114

Lösungsvorschlag:
Zeilen 5–14: Reinhard beschützt Elisabeth
Zeilen 14–17: Die Freundschaft der beiden hält einem Schulwechsel stand
Zeilen 18–21: Reinhard verlässt die Stadt
Zeilen 23–45: Reinhard feiert mit Studenten übermütig Weihnachten
Zeilen 46–54: Reinhard macht sich an ein Mädchen heran

ÜBUNG 14 S. 115

1. ein kleines Tuch aus roter Seide
2. ein einfaches mechanisches Rechenhilfsmittel (Rechenbrett), bestehend aus einem Rahmen mit Kugeln, die auf Stäben aufgefädelt werden; die Kugeln stellen durch ihre Lage eine bestimmte Zahl dar; mit ihrer Hilfe lässt es sich leichter rechnen
3. unerwartet; auf solch ein Ereignis wagte man nicht zu hoffen
4. Hilfe
5. eine mehr oder weniger hohe längliche Aufschüttung aus Erde, Steinen oder Ähnlichem, mit der ein Bereich schützend umgeben oder abgeschirmt wird
6. Reden über erdkundliche Themen; hier: Erdkundeunterricht
7. altes Wort für „junger Adliger"
8. ein Zupfinstrument mit einem flachen, mit Saiten bespannten Resonanzkörper

ÜBUNG 15 S. 116

In der **Erzählung „Immensee"** von **Theodor Storm** geht es um einen alten Mann namens **Reinhard,** der sich wehmütig an **seine Jugendfreundin Elisabeth** erinnert.
Er musste wegen **seines Studiums** wegziehen und entfremdet sich ihr dadurch. Bei seiner **Rückkehr** findet er sie verändert, sein Schulfreund Erich scheint Interesse an ihr zu haben. **Reinhard** reist wieder ab und erfährt durch seine Mutter von der Heirat **Elisabeths** mit Erich. Jahre später besucht er die beiden, doch dies ist für ihn so unerträglich, dass er sich für immer abwendet.

ÜBUNG 16 S. 116

Der Textabschnitt „Im Walde" stammt aus der Erzählung „Immensee" von Theodor Storm. In der Erzählung geht es um einen Mann namens Reinhard, der rückblickend über seine große Liebe nachdenkt und sich gemeinsame Erlebnisse in Erinnerung ruft.
Der Auszug handelt von Reinhards und Elisabeths (seiner großen Liebe) Kindheit. Er erzählt von gemeinsam verbrachter Freizeit in der Natur und wie er seine Freundin vor einem Lehrer in Schutz nahm. Er schrieb auch Gedichte über sich und Elisabeth.
Der Autor beschreibt anschaulich und detailliert („sie war ihm oft zu still, er war ihr oft zu heftig"). Reinhard vergleicht sich selbst mit einem Adler und Elisabeth mit einer weißen Taube. Hieran kann man erkennen, wie Reinhard seine Beziehung zu seiner jungen Freundin sah. Sie war ihm auch sehr wichtig („Reinhard verlor alle Aufmerksamkeit an den geografischen Vorträgen; ...").

Der Textausschnitt wird von einem Er-Erzähler erzählt, der auktorial auftritt: Er weiß genau Bescheid über die Empfindungen der Hauptperson. Es wird sowohl von den äußeren als auch von den inneren Handlungen berichtet.
„Im Walde“ hat einen offenen Schluss. Er endet damit, dass Reinhard in eine andere Schule gehen muss und die beiden sich aus diesem Grund nicht mehr so oft werden sehen können.

ÜBUNG 17 **S. 119**

Satzteile	Satzbaufigur
Immer zu! Immer zu!	Anapher
Ohne Rast und Ruh!	Alliteration
... durch Leiden	
Möchte ich mich schlagen	Metapher
... das Neigen	
Von Herzen zu Herzen	Metapher
Krone des Lebens	Metapher

ÜBUNG 18 **S. 120**

Lösungsvorschlag:

Wie hell ist die Sonne!
Wie erblüht ist das Feld!

Jeder Zweig bringt Blüten hervor
In den Sträuchern summen die Bienen
(zwitschern die Vögel)

Alle Menschen sind fröhlich
O Erd, o Sonne!
O Glück, o Lust!

O Lieb, o Liebe!
Wie bist du schön,
Wie Morgenwolken
Auf jenen Höhn!

Du freust dich so
Über die Ernte auf dem Feld,
Im Blütendampfe
Die volle Welt.

ÜBUNG 19 **S. 121**

Lösungsvorschlag:

Ihr sagt, ihr beschützt mich.
Warum fühle ich mich dann oft so unsicher?
Ihr sagt, ich kann mit allem zu euch kommen.
Warum bin ich dann oft so ratlos?
Ihr sagt, ich bin euer Sonnenschein.
Warum habt ihr dann so oft schlechte Laune?
Ihr sagt, ihr lebt nur für mich.
Warum ist die Wohnung dann leer, wenn ich nach Hause komme?
Ihr sagt, ihr nehmt euch Zeit für mich.
Warum speist ihr mich dann mit Schokolade ab?
Ihr sagt, ihr habt euch auf mich gefreut.
Warum unternehmt ihr dann nichts mit mir?
Ihr sagt, ihr geht nur für mich arbeiten.
Warum bleibt ihr dann nicht einfach bei mir zu Hause?
Ich brauche euer Geld nicht. Ich brauche euch.
(Hier zählt nur deine Lösung. Sicher hast du ein schönes eigenes Gedicht gefunden.)

ÜBUNG 20 **S. 122**

Lösung: jemanden in den Himmel loben
1. Rabeneltern
2. Haupt der Familie
3. die Waffen strecken
4. beißende Kälte
5. sich den Kopf zerbrechen

ÜBUNG 21 **S. 123**

1. Taube: Symbol für den Frieden
2. Der Lügner ist arm, der Ehrliche ist reich: Antithesen Lügner – Ehrliche und arm – reich
3. Gucken, grinsen, gehen: Alliteration, gleicher Wortanlaut „g“
4. Sensenmann: Allegorie für den Tod
5. Oh ihr Götter, oh du Licht: Anapher, Wortwiederholung „oh“
6. stehst du heute auf der Leitung: Metapher für „momentan etwas nicht verstehen, schwer von Begriff sein“
7. Der Wettkampf ist für Jan zu Ende, bevor er richtig angefangen hat: Antithese „zu Ende“ – „angefangen“
8. Und jetzt: Ellipse, unvollständiger Satz für „Und was tun wir jetzt?“

ÜBUNG 22 **S. 123**

Lösungsvorschlag:

Metapher: die Wiege der Geschichte, Kuckuckskind, Lebensuhr
Alliteration: mit Schimpf und Schande, Lust und Laster, Dick und Doof

Anapher: Selig, die arm sind vor Gott; denn ihnen gehört das Himmelreich. Selig die Trauernden; denn sie werden getröstet werden. (Mt 5, 3–4)
Parallelismus: Wohl dem, der nachsinnt über die Weisheit, der sich bemüht um Einsicht, der seinen Sinn richtet auf ihre Wege ... (Jesus Sirach 14, 20–21)
Antonym: hell – dunkel, arm – reich, geben – nehmen

Klassenarbeiten

AUFGABE 1 **S. 124**
Hier gibt es natürlich keine allgemein gültige Lösung. Sicher hast du deinen Lehrer oder deine Lehrerin treffend charakterisiert.

AUFGABE 2 **S. 125**
1. Schlüsselbegriffe
2. Textmarker
3. Randnotizen
4. Überschrift
Lösungswort: Leseprofi

AUFGABE 3 **S. 125**
1. Reinhard
2. Die Wortwahl ist eher eintönig.
3. Das Erzählverhalten ist neutral.
4. Kein offener Anfang: Die Geschichte beginnt in der Kindheit.
5. Es gibt eine Rückblende: Im ersten Kapitel geht es um einen alten Mann, der sich an seine Jugendzeit und Jugendliebe erinnert.

AUFGABE 4 **S. 125**
So endet die Erzählung:
Dann rückte er auch den Stuhl zum Tische, nahm eins der aufgeschlagenen Bücher und vertiefte sich in Studien, an denen er einst die Kraft seiner Jugend geübt hatte.

AUFGABE 5 **S. 126**
1. Der Löwe ist ein mutiges und starkes Tier, das die anderen Tiere immer angreift. Dieses Verhalten wird auf Achill als Kämpfer übertragen.
2. Der Fuß als das, worauf man steht, beschreibt den untersten Teil der Lampe, der dieser Standfestigkeit verleiht.
3. Die Substantive „Flug“ und „Gedanken“ entstammen verschiedenen Vorstellungsbereichen. Aus der Vorstellung, dass Gedanken sich so schnell und leicht bewegen, als ob sie fliegen könnten, entsteht die Metapher.
4. Zwei unterschiedliche Vorstellungen („Baumwipfel“ und „Meer“) werden zu einem neuen Bild, das die Ausdehnung des Waldes beschreibt.

AUFGABE 6 **S. 126**
1. einschläfern
2. Preise anpassen
3. goldener Schuss
4. rationalisieren
5. inkorrekt
6. Raumpflegerin
7. entsorgen
8. vollschlank
9. rote Zahlen schreiben
10. Personenschaden

DUDEN

ISBN 978-3-411-72263-1

Stichwortfinder

STICHWORTFINDER